**Introducing PuzzleWhiz: Your Weekly Brain Boost!**

Are you ready to supercharge your brain, sharpen your mind, and have a blast doing it? Welcome to **PuzzleWhiz**, your ultimate companion for weekly mental challenges that are as fun as they are brain-boosting! Designed to keep your mind sharp and entertained, PuzzleWhiz is the perfect way to unwind while giving your cognitive skills a serious workout.

**Why Choose PuzzleWhiz?**

- **Fresh Challenges Every Week:** Each issue of PuzzleWhiz Word Search is packed with a new set of thrilling puzzles, No two weeks are the same, keeping you on your toes with fresh challenges designed to engage and excite.

- **Scientifically Proven Brain Benefits:** Did you know that solving puzzles regularly can improve memory, enhance problem-solving skills, and even boost IQ? PuzzleWhiz offers a fun and engaging way to keep your brain active, with puzzles that are scientifically proven to benefit mental health.

- **Perfect for All Ages:** Whether you're 8 or 80, PuzzleWhiz is designed to challenge and delight every puzzle enthusiast. It's the perfect way to spend quality time with family or enjoy some well-deserved "me time."

- **Stay Ahead with Monthly and Yearly Subscriptions:** Don't miss a single issue! Subscribe monthly and get 4 exciting issues delivered straight to your door—or go all-in with our **Yearly Bundle** of 52 issues, including a special edition that you can't find anywhere else!

- **Exclusive Special Editions:** Our annual subscribers receive a **Special Edition** packed with bonus puzzles, expert tips, and exclusive content that takes your puzzle-solving skills to the next level. This edition alone is worth the price of admission!

**Your Subscription Options:**

1. **Weekly Thrills:** Grab your PuzzleWhiz every week and enjoy fresh, exciting puzzles that will keep your brain buzzing.

2. **Monthly Bundle of 4:** Save more and stay ahead of the game! Get a bundle of 4 issues delivered each month, ensuring you never miss a week of mental fun.

3. **Yearly Subscription with Special Edition:** The ultimate package for puzzle enthusiasts! Get 52 weeks of PuzzleWhiz plus a collectible special edition that celebrates the very best of brain challenges with exclusive puzzles, brain-boosting tips, and more.

**Don't Just Play—Train Your Brain with PuzzleWhiz!**

With PuzzleWhiz, every week is a new opportunity to challenge your mind, improve your cognitive skills, and have a blast doing it. Our puzzles aren't just games—they're brain workouts designed to keep you sharp, focused, and ready for anything life throws your way.

**Why PuzzleWhiz and What does it offer?**

PuzzleWhiz isn't just another puzzle book—it's your gateway to a world of endless mental challenges, creativity, and fun. Whether you're a seasoned puzzle solver or just looking for a way to keep your mind sharp, PuzzleWhiz is crafted to be the perfect companion for everyone.

Here's why PuzzleWhiz is the best choice: Puzzles are more than just a pastime; they are powerful tools that challenge and stimulate the human mind. From word games to number challenges, puzzles engage cognitive functions, enhance problem-solving skills, and boost mental agility. Research shows that engaging in puzzles can improve brain function, memory, and even delay cognitive decline, making them invaluable for people of all ages. Below, we explore a variety of puzzles and their specific benefits to the human mind and life.

---

**Word Search**

A word search is a puzzle that requires players to find hidden words in a grid of letters. Words can appear horizontally, vertically, or diagonally.

Word searches are simple, yet addictive. There's nothing quite like the thrill of spotting a tricky word hidden in plain sight! From quick 5-minute puzzles to deeper, more challenging hunts, this book will take you on a journey through themed words you'll love. Grab your favorite pen or pencil—let's get started!

**Importance:** Word searches improve pattern recognition, vocabulary, and spelling skills. They also enhance visual scanning and focus, which are critical skills in everyday tasks. Studies have shown that word search puzzles activate the brain's language and memory areas, contributing to cognitive resilience (Smith, 2020).

**Tips to Tackle Word Search Puzzles Like a Pro**

Here are some tried-and-true tips to help you master these puzzles:

1. **Give the Grid a Quick Look:** Skim the puzzle first to see if any words jump out right away. It's a good way to get the momentum going.

2. **Start with Unique Letters:** Words with unusual letters—like X, Z, or Q—are easier to spot. Zero in on those first.

3. **Think in All Directions:** Words can run vertically, horizontally, diagonally, or even backward. Stay flexible!

4. **Mark as You Go:** Cross out words once you find them—it keeps things neat and avoids confusion.

5. **Use the Word List for Hints:** If you're stuck, go back to the word list to break it down. Look for starting letters or clusters.

6. **Take Breaks if Needed:** Don't get frustrated, sometimes stepping away and coming back with fresh eyes makes all the difference.

7. **Watch for Overlaps:** Keep an eye out, some puzzles are sneaky with words sharing letters!

## Why Word Search Puzzles Are Amazing for You

Solving word searches isn't just fun, it's actually great for your brain and well-being!

- **Builds a Better Vocabulary:** You'll learn new words and strengthen your spelling without even realizing it.

- **Improves Focus and Attention:** Word searches train your brain to focus, ignore distractions, and stay on task.

- **Strengthens Pattern Recognition:** Spotting patterns in puzzles carries over to real-life problem-solving skills.

- **Relieves Stress:** There's something incredibly relaxing about getting lost in a good puzzle—it's like meditation!

- **Keeps Your Brain Sharp:** Word searches keep your mind active and may help prevent memory loss over time.

- **Encourages Quick Thinking:** The more puzzles you do, the faster your brain gets at finding solutions.

- **Brings People Together:** Whether you're competing or collaborating, solving puzzles with others makes for great bonding moments.

This book isn't just about finding words—it's about finding joy, challenge, and a sense of accomplishment. Each puzzle offers a mini-adventure, and with every word you find, you're training your brain to think sharper and faster. So what are you waiting for? Dive in, enjoy the hunt, and watch those words come alive!

Happy puzzling!

**Subscribe today and become part of the PuzzleWhiz community!** Weekly excitement, monthly bundles, and yearly specials await. Don't miss out—your brain will thank you!

**References**

- Smith, A. (2020). The Impact of Word Search Puzzles on Cognitive Function. *Memory and Language Journal*

# SUBSCRIBE

**PUZZLEWHIZ**

Name:

______________________________________

Address:

______________________________________

______________________________________

Postcode: __________     Phone: ________________

Email: __________________

**Subscription**

Weekly ☐   Monthly ☐   Yearly ☐

**Please fill the form and send it by email to:**
**PuzzleWhizPub@gmail.com**

Payment Information will be sent to your email and phone.

# Puzzle # 1

```
W C X H W O H V B V B Z G L B R P Y E G T N N
D S P D S A V A L K A B X S Z Y U S Y K Q O C
D I V L S G E E Z S P Y P E I T A G S S I M O
Y T O E N Q K F S H O T N S T H P Z P S J A N
D A K K O W L A U T N P F U C Q U Y I E V W F
X R B Z I L A E J P O I Z O K W G V L N R T E
K K E T N A P O C F I N W H W A N A Y R T R C
A F V P A M A T U N E S I Q Y E D Q W E Q N T
O Z E L P U D L Z A E E I A B I C F L H P F I
K Q R O M B V D K C Q T X H R T V J S T P T O
C O L T O G E M T P C K S B W W V H W E Q S N
P U Y T C Z R H E E V O L I G H R C V G N C E
M J H O M P S R P E Q O P Y S I O L F O D H R
P H I F R L I E P K I L T H M R O L X T C H Y
N A L V C A T J U L A S G P L L E B G N I R D
A F L O X T Y E P S E E M E R G E P U H B T B
J O S W R O Y C L Q F D A T E N A B L G Z R I
E G L U D N I O F D Y V F B C J T H N M C H K
```

| | | |
|---|---|---|
| LOVE | TUNES | ADVERSITY |
| PUPPET | TOGETHERNESS | BRIDAL |
| CHASE | ENVISION | DATE |
| SHRIMP | COMPANIONS | PERSISTENCE |
| BEVERLYHILLS | PLATO | ESTONIA |
| BUNCH | EMERGE | KILT |
| RINGBELL | CONFECTIONERY | INDULGE |
| SITAR | BAKLAVA | HOUSES |

# Puzzle # 2

```
C F Q I A C I T A R P K A R F O S D E O E A S
S A K J B O L L Y W O O D D G S P I S E A E C
N L R E B M E C E D R M H F O T E G I F B R C
V S A R E M A C O T E O P P A Z C A L X Y T A
I X P Y Z X S R X L H O L T I Y D Z E Y Q S V
A T M R C J I N B P M C T L P H G E N C F C J
N D I Y O U E O J S R E D N I M E R T M J A T
U H Q Q S Q R B M E N W F G J C Y O B C J V N
V J D L T P T E I T O Q J V Q R K B H W K E Z
H A Q O U G Z W I L O U T Z F A C I D E T N W
K P R N M J X O Z P B Y B Z U K N U N C A G U
G A B I E A N V J I G V Q J P A R T D G Y E I
M N O Z I R O H L N N R O W V Q F W Q I J R P
Q Y I Y W R D A Z W I F F W V B V S B B R A A
E U F F Q S N Q O M T D N Y M V Y Q R S R G C
M L U S L C H S W T T C R L V D U P E K R W E
K H S J E J N O P A E A D M I R A B L E K K H
F A M O U S F J T D S Q O Q F M E M E N T O M
```

| | | |
|---|---|---|
| DECEMBER | PARK | VOW |
| MEMENTO | GRID | JAPAN |
| FAMOUS | ATTENTION | REMINDERS |
| JUBILANCE | CAMERAS | CHINA |
| COSTUME | SETTING | SCAVENGER |
| SHOT | HORIZON | SILENT |
| BOLLYWOOD | ROLLICKING | HIPHOP |
| PROBLEM | ADMIRABLE | SOFRA |

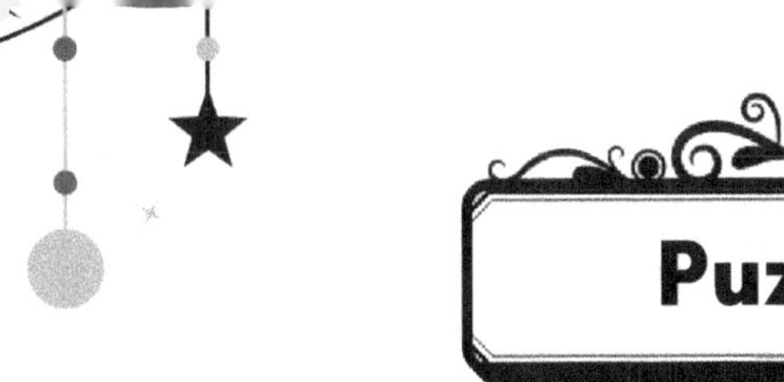

# Puzzle # 3

```
E V I T A I T I N I I M E H N D I N J X O X B
H F O R T U N E S J E R O Y A L W Q G T N A H
R U U B L E W D E T I R I P S S L I U L B U S
N E F Z Z F N Q B K E M I F F V O U B L V P V
W T G O D A R K U H M V X O T L Z S P W Y A X
Q A U N Y I E L D I N G E S I R Y G X G J P Q
O C Y Q I W X O T A G W Q L K D E X B V E V K
A I Q I W S Q D S M I X A M N A F Y O M D Z R
J V Z Z A Z L R E R U T C E T I H C R A T S G
N M E C E I P E M I T L Y C E B C N F O U I H
Z H S A M B A W K T V H H D T I K M O G V E V
L E G D E L W O N K P P X C H J D R X A W M Y
X R L X B N A T S P F Q L K U S T P E C N O C
C F A C Z O Y F X S U Y E K N F P D S V U K V
F K Y G P N S V M F F Y D M D A E A B S J C Q
O I L L U M I N A T I O N G E D V M S Q I K O
X K V A O S X U D J A F K L R A S K C I L C M
O A B X F K B Q U E U E Z M C S U H Y G L W W
```

| | | |
|---|---|---|
| ILLUMINATION | TOWER | CAVA |
| INITIATIVE | MAXIMS | TIMEPIECE |
| FORTUNES | SAMBA | KNOWLEDGE |
| CONCEPTS | SPIRITED | THUNDER |
| ROYAL | MEHNDI | SUGAR |
| RISE | CLICKS | SYDNEY |
| QUEUE | ARCHITECTURE | DARK |
| UNYIELDING | SINGER | PAPUA |

# Puzzle # 4

```
I K L X I V D C R X E G R U C K G X I I W G C
L T P M R S D Z E N X X C H G H R Y O W R N E
L V Y O E T W Z U A C A S D Q E A W N F I E R
U Z E T A V O N N I F I K D H L V K K X A L V
M Q E V E M I T I G W V R P E A E H O P D W D
I P S S A Z J H F G T G O S A B S P U H R W S
N O I A N N D S I T V W W D J J A Y E E A X V
A Z V V G Q O I C V J M E L G U A I L B O D E
T T D E O J Y N A N N D R M S E R M U K B W A
I T P R R I C A T U L L I E D L T K A M E L F
O B R J V C O P I H B C F U O P Q C Z S T V O
N A F J H G O S O V I M C O G S U P X S A C E
M Y R P S I K M N I R A M D E X E S I P K F S
H H R K Q A P N E O T O B E Y C A N E N S H T
X M D T K N N X F E W O H S T H G I L T I I R
K I F P S T G A N A L Y S I S E C T Y L T J Y
I P P C O A O S R E W O L B R M G R Y E Q P L
U C C I U K P E X H V E G W O R Z G M G C X U
```

| | | |
|---|---|---|
| FIREWORK | LIGHTSHOW | INNOVATE |
| URGE | SINGER | GIANT |
| ILLUMINATION | REUNIFICATION | EDUCATE |
| TIME | ITEM | PASTRY |
| WISH | SKATEBOARD | PAUSE |
| ANALYSIS | HEIRLOOM | MARR |
| SPANISH | WILD | OVERCOME |
| BLOWERS | PAJAMAS | GRAVES |

# Puzzle # 5

```
P W N H Y I T C M R S T S T U D A L D B F B A
T L W R Z V E H L S O S R F F O A W B L K P C
L N C T N R Y U D B S S O D C K G J X F G A E
A C P Y E L L H Z U R W L Q A J P F H C I Q P
N A Y M Q C M P P S A N E A M G I N E H J C G
N Z O E P N J V B C S E A S O N S Y X A B D M
B N B R D P R X K P L Q A E Y V V Y R V R N S H
Y H M B O T E Y V P B S V H T L C O X I E N P
T L O X P X D H U Q P D A R T N W T V S E F T
W G O O D T Q O C Y H F K B D B O A X M P B C
I T N H S E X G L F N S C H E M R R U A S R S
N P S A C T I N G J F U O H A O S B Y T U D I
K U U I R L A E Z V Y O R H D V H E T I Q S P
L R C L L E J G L R D T M I L E I L S C V I N
E S Z H F Y M M R X K O A P I M P E O U C O A
H U I B I G A O I E V I H Z N E E C X N H G Y
U I O C M L L L O X E R S A E N O K I Y Z F J
A T U A T T L F P B B K K G S T M C H Q F A P
```

| | | |
|---|---|---|
| BOOMERANG | MOVEMENT | NEEPS |
| DEADLINES | PLAYLIST | TWINKLE |
| CRUISE | WORSHIP | SHAMROCK |
| ZEAL | DART | SEASONS |
| PICNIC | GREEK | CHARISMATIC |
| RIOTOUS | ACTING | CELEBRATORY |
| CEREMONY | RED | PURSUIT |
| WACKY | ENIGMA | CHILL |

# Puzzle # 6

```
S Z L O G B K X V X D R U Z Q I J W W I A Z K
D E C F N O C O O R D I N A T I O N C U W G X
K W R L N L Y I P X E V S P O G K Q E Y U I S
P S O I H L B S N W V A O B W U J D E U Y X O
T D U P F N O Y E D X Y T W C S Y F V D W G Z
X V T E B N D U T A T X O G L G J Z W U Y M Y
V Y M L R T O X C K F Y H W E N Z Y P O A M H
I P O I Y O A B S A B O P Q N I A T T A V S F
B O U M A B A K I N G R O U F S E B W M O I R
R T W S F E R R G I E E Y D O S R E K A L L E
A E L N B U E L U E Z U U C R E A V E I G O E
N N E D V B D W B Y K Q H N M L P D Y D B B S
T T A N L I C H T T J N F T A B E V J A W M T
F I R R E S A L H F W O Q O T A R Z P S Q Y Y
I A N T V I R C H X X C U W I O P Y S X I S L
W L S A B V P D N A E C O E O K U U E Q U T E
O R C Z N J E X D O L L Q R N R E F L E C T R
B H Y O M Y T N K W Z Y Z X T O F O Y R S I N
```

| | | |
|---|---|---|
| VIBRANT | SEAFOOD | LAKE |
| CONQUER | LASER | COORDINATION |
| PHOTOS | BONFIRE | ATTAIN |
| LEARN | SMILE | SYMBOLISM |
| OCEAN | REDCARPET | POTENTIAL |
| AIM | BLESSINGS | BAKING |
| REFLECT | CNTOWER | FORMATION |
| FREESTYLER | ROAR | PREPARE |

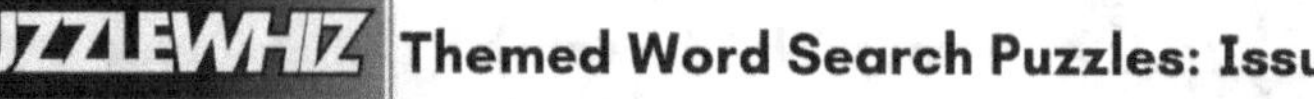

# Puzzle # 7

```
J G S K O K I Z F Y G I F F E H G P K T V M F
I B A R C E L O N A F D K W O S C B T V S O Q
D U S O I N Y S W X N E K Q R R K N Z T E T J
Q E L W P Y R U N L P N S U O T O I R R C N H
R R P T M W C G U X T I K S I S L A N D N Y Z
F W A O S O T F B P Y E Z I D J W D E H E K W
R C Z O H A I F N U K T W Z A F T Q Y L S X M
W Z X F L T I M H O R D T T J T P B A D E V G
X G W V N F D I A R F Z F I N N E D I E R U O
S M K U L G L S K G K E T T E L U O R Z P F T
U N O E P A T R E K C I T I B U D R J C K Z E
R B X K R I N C E P T I O N B E F B R Q V W G
F J I I X O E G I Y N A F F I N I T I E S X Q
P W O B D S O L T L L H O V E R O T N O R O T
Q U C O E P R C Z I F E A T O C Z K F K N N J
S L P N I P B I Y Z M N Y F K G D U D I X D A
S H G U A L N I P S U I E K A T R E D N U W W
A U C S N D G X C F M P B W F I G U R I N E S
```

| | | |
|---|---|---|
| GROUP | ISLAND | PRESENCE |
| PUZZLE | DIODE | HOPED |
| SURF | BARCELONA | RIOTOUS |
| FOOTWORK | AFFINITIES | FIGURINES |
| SPIN | TORONTO | UNDERTAKE |
| HOVER | TICKERTAPE | BOUNTIFUL |
| LAUGH | INCEPTION | ROULETTE |
| HILARIOUS | EFFIGY | FINNED |

Themed Word Search Puzzles: Issue 3

# Puzzle # 8

```
A Q N I L B U D T J T P E R S I S T E N T R C
O E V V P C C P E A K J F A S H I O N S H R L
O P G G F Z D K R C C H I B R R E P A P T G I
H J R Q Z Q O T I W I K Y G D C A B A R E T L
A Q N O S M U F K K M J N P R E D I C T T N D
T H K H G V B U E W V U H O A S S R X N D R I
Z C O J A R L T P O M J W W W Y W M E G I S J
B A E C G P E G I N A U N N H L U M A N T B F
S U G A R Y D S P J Y T I C A N E T N A G S F
S N Y X J E E L S R G M I O B V Q D B D K X N
W E Y C S G C U P I A U Y W O O B I G Y X O I
L B C J Z N K F U C O I Y M K T L Q L M O I Z
J T I N E Z E Y F D L N S X Q I F I G T E V R
S H O T U H R A Q L T E Q E T K G W S M V N V
K Z O O W O F L M C H U A Y S H W E W L T X T
J X A S G U B P O H G D N N T Q F C G M N O X
X E T A I C E R P P A F K S O S S E R P S E R
H S D C Z E L E P H A N T B Z K U Z A T B Y L
```

| | | |
|---|---|---|
| FESTOON | DOUBLEDECKER | SUGAR |
| STABILITY | PRAISE | ACKNOWLEDGMENT |
| FASHION | MOVEMENT | ICE |
| PERSISTENT | CLEAN | SHOT |
| CABARET | ELEPHANT | DUBLIN |
| PROGRESSION | PLAYFUL | SKYLIGHTS |
| PAPER | ESPRESSO | TENACITY |
| APPRECIATE | PREDICT | BOUNCE |

```
C P Q K H H S R V Z A H F I Y O N E S D N R Q
I O D V Y M I V I C A E S A R N V S Q R I F O
B L I H K U C J O A I D S Y U I E C T A T C B
W L M G S J I D O L U T Y Z D S O M N Y K I D
F Q A C T O R V T H N E X P S M G I E E T M K
H B H G H A X S O E G U M A P C P E M N C A V
T F X W G E W T M M W I E L C S X E T I P N W
D A M C I U A E P E G R E E T W B H O V U Y W
I L C X N N V L G L S T Y L B A O Z L N P D G
A T U O W E I L K W I F L D S O U R L Y P P F
Y L F U I V Y A B O L O L P P R F G A V E M C
X D M H J B D B N A N J I T E M W O R K T E K
E X C C P E M C M C H R I S T I A N I T Y L S
C A P I F A P E E M I E G Q F Q P A Q Q E D P
M R O O R U C N C L A S S I C F U N F A I R Q
J N M A E T D N S M O Y X E Q F F P X M U U D
G M K X P Y B O A Q S N O I T A R B I V C B O
C U S G L B C X N B S H L W L J Z U Q T V F G
```

| | | |
|---|---|---|
| NIGHTSKY | DYNAMIC | TACO |
| FUNFAIR | ITEM | BEAUTY |
| SPIN | PUPPET | COMPLETION |
| VENUE | ALLOTMENT | DIVE |
| CAESAR | ACTOR | ACHIEVEMENTS |
| CLASSIC | VIBRATIONS | FLAME |
| CHRISTIANITY | VINEYARD | REASSESS |
| BALLET | SLEIGH | MELD |

# Puzzle # 10

```
A P H T H G I R B N L D M Y V I V Q O L M J L
K N G R A C I O U S R X C Q F N T D L T Q F B
W M E I S W N R Q N E N A Q U S B L A I V O J
D X L V V I A W O P I F K B Y I P B H L V U V
Y K B I E M X I R X V S E H W S S U D O K U A
L D O B W S T S Q K P I I L N T G H U H M K S
E A I T V A V Q C O Z X M Q C E P O C S B R T
W B V I R A V B Z L T E A J F N P Z O B E F N
D J C R E S C E N D O K G K O C Y D F Z H Y E
G Z A R E H S T U M H O E M X E G Y I G M W L
A N N Z E T K D H J P O T S A P I T N A E G I
T R O N M U N T A T H S Q I C F E V O L D A S
H D I A L P Q I R S H K B D Y P E D C X K D V
E U T Q A R O N M G L V S Y P Z M O U Q F J S
R L I K D A G M O W K S C A T W M Z G M I V P
I D B U F E N F N C H K O E T I M E P I E C E
N N M W O W O H Y B L C T Y N Q F R L N U A L
G O A T C B B T B A Z N D G K J A K A C H G W
```

| | | |
|---|---|---|
| GATHERING | ANTIPASTO | CAKE |
| INTERVAL | JOVIAL | SEVEN |
| APPETIZERS | SCOT | AMBITION |
| CONQUER | GRACIOUS | TIMEPIECE |
| HARMONY | WELCOMING | INSISTENCE |
| CRESCENDO | IMAGE | SILENT |
| BRIGHT | BONGO | SCOPE |
| SUDOKU | NARRATION | WEAR |

# Puzzle # 11

```
H S S I K T H G I N D I M Y Y O I G Q Y I A U
X H U D J P R E M E J E L L M T V P U X B T X
F E P D H A Y M T N T Z N L K V I K V T Z F P
W Q G R P R T A N I Y Y V I I K L N I U K F X
A C W R F T T G H A W J W R A F B I E Y P T V
K B I E S H B W F O R E S E E T K M G R M Q K
Q Z R F L E A B M A S N H E M F R A P N E R V
E Q D A Z N C W V T W V B M P A Z E F R A S Q
Y P I U I O K N T P F O O O I D R C T M R M B
T L U C R N K I A F R Q L L E R B I H N F G W
Q F Q R C U S D B M B Y L H H I L C N U E T D
P L W O L N G T O Z R O G D D V N U I A E I A
M J I L L N Y M O V J O Y I S E S P B S Y D B
Y G W I I W T S F R R V F I B R E I Q J O Y R
I T X R X Z Y Y Z I M Q T R B X O Ñ F S N G Q
F E U X Y X O D O H T R O Z E I H A H G R N D
U O W M V G Y T I V I T C A Z P C T S E M I T
P P A R L I A M E N T Z E U Z C E A Z H N R C
```

| | | |
|---|---|---|
| PERFORMANCES | GAME | MARINA |
| ACTIVITY | DRIVE | TIMES |
| ENTERTAIN | MIDNIGHTKISS | PIÑATA |
| PRIZE | BENCHMARK | POURING |
| PARLIAMENT | PARTHENON | BRAINSTORM |
| FORESEE | SYNC | WHITE |
| SAMBA | ORTHODOX | SERENITY |
| TIDY | ECHOES | FILL |

# Puzzle # 12

```
R H L C U L Z Y N O I T I T E P M O C D J U K
T N E O Q S G L C V O U O U T L A N D I S H G
G U G R G T J L R A C F Q K I F Q S Z G K J I
W R R I L M O F P E M G W N L Z X K W L Q F J
L T A P L A Y B A C K I A I B E E R T A L J Z
T U H E A B M B A S H S T F X Y U O R R E E S
N R C T U S A G A G K N G N R E K W U E V K E
I E E A F I A A X I O O G H I I N E M F I U N
F F R M N W M Z T A K S X M N W R P L T Q G
T X V I N Z P A B U S A K Z A O X I E E A I A
E R N T V R E T P B I E W J F F R F T C I K P
R T L L O E W Y N E R S H O Q L T R I T T X M
T O U U E V K Z C W B L K W R G O C E I I Q A
I D U L B E S Z S R E G N I S M B W L O N I H
U Y P T F A P I F O M V H I U S F T N N I G C
Z K Q T I L N F T U U T E H M F E B F S W P A
L N Z E O N R E S O U R C E S F O K P D O Y A
I C C D Q C E H X O A D W L T J H U C L C F I
```

| | | |
|---|---|---|
| FIREWORKS | TRUMPET | RESOURCES |
| COMPETITION | FIZZY | NURTURE |
| CHAMPAGNE | SAGA | ROUTINE |
| HUMOR | REFLECTIONS | BRISK |
| SINGERS | RECHARGE | BASH |
| ULTIMATE | SEASONS | REVEAL |
| FLUTE | INITIATIVE | OUTLANDISH |
| PLAYBACK | INTIMACY | WET |

Z G V W K F D E Q G U E D C C S X O U I C W N
W O R G A N I Z E H D M F C N V G B C M W U A
D V I U R B E U P K J W C O G O P G F U W N R
C E N T E R X U L D M I K O P R N T R T Y A
A I P E Y J U C A Z G T P D U A E D G O H M D
Z F W W Y X B Y T N A K G B R L K O N F Q K V
A T B T B U E S E T D N X M G A N K Y H T O O
V Y P J L I R X I B I B D G K C I C T X S O I
W T O T J F A V O R I C L J N E H H B Z J R Y
P R U U W N N V T Q N H I Z M I T D R Z Q R R
O Y R G E I C S Y Y C C N R Z E M I H N A E H
E X R K E S E I X J E W X B C W H I Q S G Y U
M R I U U K T W X D N U S E O L C H T L V M S
E F Z O L Y J I B X S I A W F F E I A L U A C
J B T I V N S C G Q E H C R O P H C O S E N F
F H A V U B I N C E N T I V E C O K I D S R M
V I H N W M J K U T K U T W R L Y C I M G B F
J Y A R D C S Y E J V W R A F C D C Y T L W X

| | | |
|---|---|---|
| MUSIC | INCENSE | ORGANIZE |
| INVITATIONS | KNOT | PORCH |
| EXUBERANCE | FORUM | IDEAS |
| POUR | POEM | TIMING |
| LOCAL | TUKTUK | CENTER |
| STRING | SIX | GOOD |
| BAND | PALACE | INCENTIVE |
| THINKER | PLATE | CIRCLE |

# Puzzle # 14

```
A B T N Q Q W U Q S Q B Y D C M V B K L H A S
I E N L M L F L E G E U N S E N U T V L N N P
I N A L X M A M M N V D N T U X N X T G I B Q
Q C I S S O U M O I B L C U R I O U S E S S A
C H D V N T L N U T A X O L V E O U S R O R N
K M A N S L E R X E U S R E L K R A P S X I T
Z A R O J L P A H P D T R U N K D L X N G N L
Z R C D S J N L F M U O D U T W M T E T R C H
N K Q Q Q T R U Q O A B O D W O B D L S I E U
L D R J S S E C Y C Y C F T Z D D F M I Y P U
Q Y V Q V A H A Q C H I L E A I T J D S Q T U
J J H G N O S T L Y L J B N H H P I R R R I N
C L X C A B V C T R A D I T I O N B E E A O X
F I U N S N U E J I G S B J O P V S A P O N A
H B R O U T J P G H H D P S T E E R T S D M H
M D U C T E I S S S E N E V I L A J I H Y Y X
L R A T L A N K Z D M E O P C R S P E C I A L
T W L O A E Q G O Z M K Y Q B W D G Q J F M K
```

| | | |
|---|---|---|
| SPARKLERS | PERSIST | SPECTACULAR |
| POEM | COSTUMES | HIDDEN |
| TRADITION | BENCHMARK | COMPETING |
| RADIANT | TUNES | DANISH |
| SILK | KITSCHY | CYMA |
| CURIOUS | ALIVENESS | CIRCLE |
| INCEPTION | SPECIAL | TRUNK |
| BOAST | STREETS | CHILE |

# Puzzle # 15

| | | |
|---|---|---|
| SUMMER | HOGMANAY | CONCEPTS |
| HYPE | GRID | COMMUNITY |
| INCENSE | OLDTOWN | GROW |
| LUMINESCENCE | RELATIONS | RHYTHMS |
| DESSERT | GOTHIC | STRENGTH |
| PIECEWORK | SWEETS | CANDLE |
| ORTHODOX | GATEWAY | TROUBLESHOOT |
| KEEPSAKE | MERRYMAKERS | CHOCOLATES |

```
C V X K G P C E N I G M A T I C F T X Y D A F
G Z Y T W H F I E P M U Z L Q V D I Q F R X C
X Y V M L M E Q T O T M S W I N G A Y J U U E
W Q D U E W W M I Y D L V Z P K H G I E L S R
P H E O H N X J I J L A C A K R A D I J C P E
P O N V L A T T A B W I J A G S M K L I S L M
U L C B A K M A Q S Z A G R F F Y E F K D O O
B L H K N W A E L T M T I H U R H G Q I S K N
K Y A T O E G X C A J I W U T M P H Y K K U Y
I W N S I L N P S X J Q R U Q S M A L H N K D
S O T U T C I L A N O I T A N R E T N I M U T
I O I I A O F O E P Y C W P I L Q C Z K T L I
I D N Z R M I S C G T Y B U B B L Y P Z N N T
Y S G O I E C I R C A V M B R A M E C M F I C
C T J T P V E V N B I L J Z R M A T G Z Y E T
K A Q A S O N E E T U O L I Q F P I K U U W J
M Y W G N G T G G G I Y T O L O L N R D U L M
S D Q B I K R O I L H Y O C C O E U K S G M A
```

| | | |
|---|---|---|
| CITYLIGHTS | INTERNATIONAL | MAGNIFICENT |
| COLLAGE | SWING | MAJOR |
| CEREMONY | KNIT | HOLLYWOOD |
| MENTAL | ENIGMATIC | EXPLOSIVE |
| DUSK | DARK | MAPLE |
| INSPIRATIONAL | PAJAMAS | SLEIGH |
| SILK | ENCHANTING | CLARITY |
| BUBBLY | UNITE | WELCOME |

# Puzzle # 17

```
A Q A S S R X E F I B D Q T C A N I M A T E Q
T F T S E R D O U Y H I I Y V V Y S D G T O S H
E D U F V L R Z K T E R X C Q L S I N Q U X V
R B I D R E B S I N P B T N E M L L I F L U F
X N T F S A O N G S K E I E X M Z J S H T B G
E K W I W R W A E G M G T I Y G Y D S X Q U E
N C G B N K G R B R N A X N C N I A E K L D E
U H N N Y E A V S U L R F B L S U V L L L D G
T U P Q M C U D P U K U K Y C W X R B R O H W
Z I O E S W W O M B D O D O Q S C K T Y U I L
M S N O X Z M I B O Q C G H U D E I X U M S F
U T G A T P T W Q Q G N H W E V C E T W R M N
R O Z J H S D B F R A E R S U M L Y F O U E I
A I P W R U M M A G E K B Q E P U A J F X G B
U C H A O T I C K O K G N A B S B N P W O E A
M N O H Y D B S V F O I H Y V H F Y G Z M C L
X J I X X Z K Y M C V L L H U T J M U R G L A
S C H G M C I T E N E R F M T I M E T A B L E
```

| | | |
|---|---|---|
| QUEUE | RUM | ENCOURAGE |
| CHAOTIC | ENGAGEMENT | POMP |
| EXOTIC | COFFEE | TIMETABLE |
| FRENETIC | RUMMAGE | BUDDHISM |
| BLESSING | ANIMATE | REFINE |
| ESPRIT | FORESIGHT | NURTURE |
| CLUB | OSCAR | FULFILLMENT |
| DISCO | STIMULATE | BANGKOK |

# Puzzle # 18

```
O S Y N A G O G U E J X O B P E Y B W G B I W
S R M M V N O N M P T U E U F M J A Q U P T Y
M P A R T Y W A R E Y H S Y X K L R D P V I F
T J J N S O F C A F É H R S A L S A U U S Z Z
Y O M D G S U V D V H G Q O I K R E T A E W S
K A U T I O O Y C W Y Q H O N L L V C T U K N
P U B Y M P L Z D F C O O T F G N B H O L Z Z
Y U R I S V B I M J R A H T R J S A K B W S V
G L X U P J V N Y I E D F N E Z Z L W U A T F
C D E N I A R T S E R N U A E H C I R U Z F X
R D H D X T O E T D T S Q R S J S E O C E E I
N I E N W G M B E A A H X B T I N T E R V A L
E Q A A D M N O R T C A N I Y T M M L B Z E L
M E W L G A V R I X T U Q V L P A C K A G E V
K S F Y F G S P O A I X V C E P A N A L Y Z E
W K N A R I N V U Z L E A I R R S W L E J L T
Q T M A C C K A S F E S V U I N W R J W F P Q
T Y A G R W L Y D O G U J P D F I D V A N M U
```

| | | |
|---|---|---|
| VIBRANT | SALSA | MYSTERIOUS |
| INTERVAL | PROBE | FLAIR |
| CAFÉ | SWEATER | SYNAGOGUE |
| UNRESTRAINED | TACTILE | ZURICH |
| RANGOLI | MAGIC | MAP |
| PARTYWARE | PACKAGE | DIP |
| CAFE | WALL | ANALYZE |
| FREESTYLER | THRONGS | DUTCH |

# Puzzle # 19

A F V N E P O C S L A I A G P S R V P V N V D
Y B B C E O A Z N S X S G M A S R J H O P D H
E A B V O J Z Y O U O N N A E Q E Y C L I P V
H S B E L M L P I L F T I W P T T N N C I H W
Z B S X P J P Q T O M Z T U Y Y A D U A G R N
V A E P I Z K L C W E L I R N E W R A N W O O
V K T O Z U G K E M F E C F B A O R L O B J I
X L A S D I E Y F T Y K X N Q S Y Z A R C I R
D A R U W E M X F N E B E Z Q T Z A R T U S L
J V C R Q G K S A V V S C T K Y J R Q Q T L M
D A O E Y S J J Y T I L A T I P S O H R Z S E
A Q S B T I X E M O J M D O U G F R E A C H Q
W I T L C O W K C J F N N W T S B A L B J X C
S T A R L I G H T I K C I T C I M R E L A Y U
W Y U H D T E S N U S B M R F L Y H W A P V O
Q P E F S N U B S N Y K F W I K E V O C O G Z
P E L O N D O N E Y E U O N H H O I X W L F K
M V G N F W B O Z U F H E J S W U B D T T U Q

| | | |
|---|---|---|
| STARLIGHT | SUNSET | VOLCANO |
| REACH | VOW | EXPOSURE |
| LONDONEYE | BAKLAVA | ICE |
| COPE | RELAY | HOSPITALITY |
| EXCITING | SILK | LAUNCH |
| STREAMLINE | YEASTY | AFFECTION |
| SOCRATES | WATER | COMPLETES |
| CRAZY | MIND | TOSS |

# Puzzle # 20

```
Z M V Q Y L Z L D H I N Y J Q Q P R B R Z U Y
M E O K W I N E T H Y C N E I C I F F E U S L
P V W U R O Y Q O O R Y Y V E T A C I D E D U
N D K N B R C R E N I L J A F E J O W Y D N V
Z B T L D L D A O J U Q X Q W H Q T M D R G I
B R E P U S G R A L U C A T C E P S C A N E W
E O P I J E N I J I B X Q A I K M H G Z G B N
N U Y G C N I D Z P D C P H F L A M E N C O C
O Y D R C O T N L Z V L P Q G V A N G O G H Y
T F I O W D T A V B U E R M M L Y A W E T A G
S D T O X E E L I L V A H I N N I X Q T O A Y
E L S V B V S N G L Z N O L R E S T U N C K E
L E G E V O E I I Q M S U G H F V H T P P X B
I F W B Y L R F G K C I S A O E G N A E D L S
M P S T E K C I T R H N E G D R J S J I R X G
J M F G L A C I E R K G F Z V V K N O P Z W S
N O I T A P I C I T N A P W Z O B D E R P V Q
A O S E Z J L O I V Y V P T E R E R U P K C M
```

| | | |
|---|---|---|
| GLITTER | GLACIER | DEDICATE |
| ANEW | SUPERB | HOUSE |
| TICKETS | VANGOGH | EFFICIENCY |
| ANTICIPATION | QUIZ | FINLAND |
| WINE | GATEWAY | TIDY |
| GROOVE | DIODE | CLEANSING |
| FLAMENCO | MILESTONE | RESETTING |
| SPECTACULAR | FERVOR | LOVEDONES |

# Puzzle # 21

```
V S S Y M S J D H O R H L S M R S B Z M Y Y G
E Y X E Z E C U K K C F S D E W Z F H Z I H U
E R T J W H V N Z T Q Y E N P A J A M A S P O
U A B S H I W A E P C T O H V S V S N Q M R M
L Z H G N D U H W H L Q C A P E T O W N O L H
N W Q E P H F E U C O N S O R T I U M O T S R
Z I K Q A O O N Q H T R A E H H Z S S G I P X
Y S K O W R T C O L N O E O M B L T N D V E V
G D Y S N N T R D I V Q G K V L S F X W E L U
F O O E T N W Y Y P T M T R A Q A I E X Z L D
I M K T K I H F S S F U P X Q M H G D V Q S S
N A M B I A N C E F E S T O O N E A T A N I P
N N G T Q Y H L E T G D R I V E T S W B D Q T
E G M S A Y M O N N N I L N S G B D I E Q V Z
D T I H M K S R J E U V D E B L W E R O Y E J
P U W C W E F A F M E O U T C O M E U G N X R
F N S A B D A C C O V E I O J G D J J L X P I
B E H W U P N Z V M C H F X C W D X D A H W C
```

| | | |
|---|---|---|
| FESTOON | AMBIANCE | HEARTY |
| TUNE | LIPS | GIFTS |
| HEARTH | CAROL | DRIVE |
| OUTCOME | MOMENT | METAL |
| WAVE | CAPETOWN | HUNT |
| SPELL | NOISEMAKER | SWIM |
| WISDOM | MOTIVE | PINATA |
| PAJAMAS | CONSORTIUM | FINNED |

# Puzzle # 22

```
V U R E A C H W U G W T U V T G F X V J J G L
Q B H T W C Q G J A D M F L P T G G U N A Z J
M Q F C L O T H E S I A G O Z S F A P T N X O
I R R U V B N Y T D R M Z E M E H T R N T I P
A H O R M R E V I D E O O P W P I J O G B Z V
G M N I D Y M B I G C Y I M W O Y E A Y L E P
H V O K D M I S Q G T H G T E H N R R L X F Q
N S H Z O P R P F I Y E M A N J U I G K S N
F L H B K R R V J O O V C V S O T S O N X J E
T S E J G Y E X P Z N S R Q L Z B A U Z I K U
V P C S H Z M P A D S Y G V W D Q L S Z C T C
M T N N K H D U Q O B D M O I E W E D H H J A
U F A W J F R L G G Z N F X T V P M O M N J L
I X N E S O P W M X C E A R V L S R O V U C Y
D Z O D R H T M Q A G Y T H G O U N F O F J P
J A S A C O C R A D I A N C E S F L A U M R T
F E E N N Q M D V G U L W Z X E J C D O G K U
O V R I M R S S U O Y O J G A R X N W A L L S
```

| | | |
|---|---|---|
| JOYOUS | HONOR | RESOLVED |
| AIM | CHORUS | MOMENT |
| VIDEO | AURORA | REACH |
| THEME | RESONANCE | SYDNEY |
| BOAT | WALL | MERRIMENT |
| DIRECTIONS | POSE | CLOTHES |
| EUCALYPTUS | JERUSALEM | UPROARIOUS |
| RADIANCE | HOPE | FOOD |

# Puzzle # 23

| | | |
|---|---|---|
| VISITOR | TARTAN | PROJECT |
| CAREFREE | CRASHING | ECHOES |
| NIGHT | KNIT | OUTLINE |
| ABANDON | SERENADE | HOMES |
| SOCRATES | INSPIRATION | WELLBEING |
| MIRTH | LEAPWOOD | HONORS |
| MARINA | SYMBOLS | HEALTHY |
| REJUVENATE | ARTFORM | FOOD |

# Puzzle # 24

```
C I T A M G I N E M M P X V C F P G H T Z T L
L Q U T T O Q M Z I L L F D B T J M K T Q A T
W Z P U D B U S C V E N L I G H T E N I D E R
W C N Z I J N D O K Q V V O R X D B E S R A O
M E G T W E D N Z I S C R I C K E T S O L A U
S A Q R V C E U D W D O T J T G V N E J S R B
P M F Y T T R O D D T Y N S J L L L V U W X L
L S A C E I T R Q U P Q I A E Y P E E E T N E
A T Z M P V A V M R S T P R R W N D N N C H S
U E J P M E K V O N R K P E U A S T O N I S H
F R G A U H E M Z A E S O P S M E M E N T O O
G D P F R N I K I D T M K E A L L C U L Q D O
Z A O H C S T L K I H T H T L G A E K A Z E T
Y M T G E B O G Y O G W Q I E A S K P W S G J
Y M B C Z G F R T N U P K T M U Z J E T I A Z
D N M S N E A N M B A D Y I A G A A Y T X G Y
C R E A T I V I T Y L H O V C D I L A T H N Z
S M R W E P M M S S G C K E Q U E L N Q X E C
```

| | | |
|---|---|---|
| LAUGHTER | DUSK | ENLIGHTEN |
| TROUBLESHOOT | ROUNDS | TUNES |
| CRUMPET | STYLE | CREATIVITY |
| PROMISE | ENIGMATIC | SEVEN |
| PINT | JERUSALEM | ENGAGED |
| UNDERTAKE | MEMENTO | RANGOLIARTIST |
| CAMEL | CRICKET | OBJECTIVE |
| ASTONISH | REPETITIVE | AMSTERDAM |

| RESOLUTIONS | FOGGY | FORMULATED |
|---|---|---|
| REPORT | HEARTY | SAILING |
| ICONIC | TURBAN | RESOURCES |
| JOURNEY | WORDPLAY | DECORATION |
| SPARKLE | ELEPHANT | EMPOWER |
| EXERCISE | CROON | CHILE |
| PARLIAMENT | SHAMROCK | STEP |
| VITALITY | ECHOES | GERMANY |

# Puzzle # 26

```
X P A Z E G M E T L C L I U G E U M N Q I A S
S F P V H L I G H T I N G Y G R U O U Z W E M
E C C P Q X A N N O I S S A P U E S S E N C E
E F O L Y H Z I F F F N Y F O T H B A F X R V
C V P D J I Z N S I X Y X H L P L Q U Q X I I
N W E S E U V H U S N X Q P C L S L H P Z N T
E S L E V A R N U N U N Y W Y U O D I F I G N
I Y T A H M A Z N U O R E T I C I R N O G I E
L I E L X D Y T S W C Q I D X S U N O O R N C
I F D I I R S O D E T I R I P S T T N U C G N
S T X U C K H V G M N S Z H I Y R R B L K E I
E M P B A Y O R N A D C R I D D L E S F A F S
R W N Z Q G T C I R V N Q C J A Q X J K Q T B
P M G I D A R A P I V W W Q U Y F Z R V R W Q
Q S W C P Q E Z M A Q F Y N O M R A H U D D B
Y C O J V R S O U C A C N J D I G T N B K D D
R U H M S I N H J H S F R K J S S K V S R O J
H Y S H W O D I Z I H K L X F C Z M G M J B H
```

| | | |
|---|---|---|
| SHOW | GAUDI | INCENTIVE |
| RIDDLES | PARADIGM | KILTS |
| HARMONY | MARIACHI | RINGING |
| CODE | ESSENCE | RUSSIA |
| PASSION | RESILIENCE | SPIRITED |
| UNRAVEL | SHOT | JUMPING |
| SCULPTURE | COPE | LIGHTING |
| TRUNK | SECONDS | FINNED |

# Puzzle # 27

| | | |
|---|---|---|
| TIMESSQUARE | GALLERY | INITIATE |
| TEMPO | REPETITIVE | STREETS |
| FIESTA | CORK | INSIGHT |
| SWAY | DISPEL | HOMES |
| DESERT | TORONTO | PROGRESSION |
| INFLATE | EXPLOSIVE | BALLAD |
| INTERNATIONAL | STRATEGIZE | QUIZZES |
| TREASURE | BEIJING | AMSTERDAM |

# Puzzle # 28

```
M Y D B N I K B C L U E H Y E G P W E W W C W
O T P G M K C A E M X I M O B J E C T I V E S
Y I B V G A O M X U C K D H S A B U X J H U C
V V J I B P L B G K H E U R B U U N C Z H O Q
D E E W J W N O I A A F O Y K M T I Z E N H M
Q G R B W L U O H I R F E L D D U C C G C E K
W N B U B B L E A T M I L G J R K V A D U F L
R O L Y M A H A M Y Q C W X B I C P M B L Y L
E L F V P M R C T T E I Y G O L O N O R H C L
A E O O I B A R I P S E B X E E Z W A R A O Z
T R R F N E A G C B Q N W T S R E D N I M E R
H H G T A P M J E Y Y C C R G N L T E B E V D
S D Y P T Q A T X X F Y R U M B A E W P C J Y
S O I A A P L P N G G W E U E O V U P B J Z X
S G O D G M A P M I N T E N T I O N A L S U G
C B E D N A P P S Y R E N O I T C E F N O C S
G P X R T L G O U I B L E G N E L L A H C O V
F D M F M K B Z A A B N L Q B Q B B V E X I C
```

| | | |
|---|---|---|
| BOATPARTY | CONGA | CHALLENGE |
| BASH | RUMMAGE | CONFECTIONERY |
| CHARM | BAMBOO | OBJECTIVES |
| REMINDERS | BUBBLE | TREE |
| LONGEVITY | BRAAI | CHRONOLOGY |
| PINATA | UNLOCK | WREATHS |
| RUMBA | INTENTIONAL | EFFICIENCY |
| CLUE | CUDDLE | PAPUA |

# Puzzle # 29

```
J A A N R A Y G K H Y F K W G B R H O F R T G
O K G C J P M H G G R D M D T N I M F Z S B A
F U Q F G F F P K T H Z N F P W I N V P U K I
K A L Y E B O Y T H F C O A M P S T D L X F Z
W E M T N E M E G N A R R A C A C N C U Z G R
L W G I Y W K O S A K E F O C U S E D A L E Y
K Q P V L S E A R C H M D S H L I F R S V G C
M Q W K X Y J U N D K J K E V C B N I E I R E
Z E X U B E R A N C E C Z D Q L B H L P T R H
W W H T A V Z P A R T H E N O N V C F U N B P
M P A H M F G K H I P F X L I M E R I C K S O
Z X Z S B C K R T U N O I T A R O D A L I N R
Y J S M I E O X N O R T H E R N L I G H T S P
B H B R T T H V C Z R E V I V E U T W F E S S
J V S Z I Z X O J E S O P D G B S Q E C C X T
N T W J O A H H E T A O B E K A L E F S B W F
T Q Y X N O G P U P O A N Q I S D V D Q R R I
Z X W G C J U L K E P A X A V T F I M J O H G
```

| | | |
|---|---|---|
| EXUBERANCE | SAKE | LAKE |
| REVIVE | SEARCH | LIMERICKS |
| FUN | PARTHENON | AZTEC |
| ARRANGEMENT | CLEVER | POSE |
| FAMILY | DESERT | AMBITION |
| ACTING | PROPHECY | ADORATION |
| BOAT | NORTHERNLIGHTS | FOCUSED |
| INDULGE | GIFT | CANDY |

# Puzzle # 30

```
M J M G G B P R D I P B K X M E N E R G I Z E
T W S T S U F M E E K K Y Z Y P P N Z Y M E H
A C U E R K N T B T W C T W S G W A Z N D Z Z
M N O X O H G A X L T J K X T C I L N T Q Q N
R Q I C F W R K T A O U H F E L N F Y E Y C S
O I R E D C E O X K A C H M R N C Z N C K Y X
F K U L E S E U E E W I B S Y G R F O H M F G
A A C L Q G C F F X T R C O M P E T I N G O U
O Q O E E C E T N O N M A O E A M L T I Q V X
N N J P L S D E S S E Q M P C D E O A Q H U X
A M O Z T E V H S Y M F P A U U N N C U T R H
F P A G E L A T O G O F C C W P T P I E G M L
Q W R R X O S A Q R M Z G S Q P A M D Z Q H U
D A K E I I Q Y B E I H M X M E X I E B O O Z
J E N P T A K V G N A A S E D G L H D T O C C
Z X W F K N C N T E N C E N I G M A T I C V H
N M X Z G Q E H Q R E T R O S P E C T I V E L
Z M J Y A Q D C I J Q C H A N G E O V E R A W
```

| | | |
|---|---|---|
| ENERGY | BARCELONA | CENTER |
| JOKEFEST | ENIGMATIC | SHUTTER |
| LAUGH | LAKE | DEDICATION |
| CHANGEOVER | RETROSPECTIVE | WRAP-UP |
| GELATO | MARIACHI | EXCEL |
| TECHNIQUE | FORMAT | MOMENT |
| MYSTERY | INCREMENT | ENERGIZE |
| COMPETING | CURIOUS | GREECE |

# Puzzle # 31

```
D T P Z L P C N Y C B R I E F S E R F G F T R
C D A C Q P L Z V P H T D C N F R R N O N B I
X W P S R N A J H E W F S H M L E E K A U E B
Q O U W V B R Z C I S J V Y P D S H I M M E R
V L A Y U W E N S E P Q X J N N A G P U V L K
G G C P N E B T D V Z S S O A Q S U O I R U C
X S H F J I I U A S I S P K S J G F D W C U G
A H A E L V L V B V E J O W E G Z Z X L C X W
E H R X K E O O M S I I W J C B E E O C B K G
A M T S R R E D L W E E R C Q R V C U I X V C
T L O V H A I I I V Z K S U U W K R L T U M P
L Y H S G K V O U Z Y G F T T Q E B S S E G P
U Q R G E Q D D Y H U V U S O N G I Q I A F Q
K P E Q R L N E T O N F K C A C E U V R F P Q
H R Q R T U O R E D C A R P E T X C V U D V M
K R A D N R N H A N T I C I P A T E P T C G S
H F A A Q C O O W B J O Q N I T S E O U C X N
W C K N O D D A A V Z U J N Z O Q Q N F C E T
```

| | | |
|---|---|---|
| PUB | FUTURISTIC | FUTURE |
| ANTICIPATE | TWIST | GIANT |
| VIEW | DARK | REVIEW |
| REGGAE | VIES | CENTURIES |
| GLOW | LIBERAL | CHART |
| SHIMMER | DIODE | WHOLESOME |
| CLOCK | REDCARPET | PONDER |
| NOTE | CURIOUS | PAPUA |

# Puzzle # 32

```
O S G N H D T Y J B A J F L C P M C S Z K N A
O O R V E U U D N B S X O U J C O D A N G Z K
B R U O Y L E C U U W Y T D O Y N S Q S E Z R
M A E T L R D D I N I N Z V V V T D L O V L I
O M M V A O D T E A E L I J U C R E P J A S X
E K J A C H C B G I S B J P L H E E F I D Q K
G W Q N A X G I C R R G L E N A S A N A T I M
Q S N R E I J N E A A C H D D M U P P I S B Q
K T L M B D A Y T Y A B A E S P R P J Q F F M
D C M R R Z O I S T R R B M K S G R N A K E J
A A A E I Q O L X B K K E E U E E A J L M A R
E B B S Z N W A Z U L Q M Y R L N I Q C Y B B
P Y L O S O R W D R I H P B G Y C S A C A M F
F G O U H Q I I J O E P A T J S E A K K G O K
V R W R V U D S T H G I L J P E W L L V U I I
V U E C J V U H S A T S I V Y E S A Y L H R J
L P R E S B U E H X D Y L X G S V M X S X I J
L Y S S I N T R A N S F O R M A T I O N P E I
```

| LIGHTS | ANCIENT | GLEN |
|---|---|---|
| RESOURCES | TAP | RESURGENCE |
| SAFETY | BIGBEN | DARK |
| REFINE | BLOWERS | LENS |
| CHAMPSELYSEES | BAKLAVA | SUIT |
| TEAM | VISTAS | COLORS |
| WISH | BUDDHA | TRANSFORMATION |
| APPRAISAL | GRABBER | VIBRATIONS |

# Puzzle # 33

```
P L N P Y O A M I O Q N B Y R N L F W I M E P
H B S U O R E T S I O B A T B C Y F K D C R D
W R L P L V G K N Z X X U I D R A W Y K S U D
I O B J H E R G O T H I C R S Y M D Q G R S P
T U H J N O A W P U B E L E N R E Q B S B A I
R L X L P U B P D S Y R V P G H Z X A M X E Ñ
E E R H L W B Y W D H C S S E G I Y X O S M A
Q T Q G L L E S U O C Y D O T N L R E P O C T
O T W B J N R E E Z O T Q R A I A M Y U G E A
S E U E N C F E V K C D Z P V R N P A S T A E
N P Z B M P T C V A C T D U I Q I H C B X P O
U I E X X G S V Z I G S Y Q T U F T P G W Y W
E X A W T L P R P F T N J F L I Q M W W L Q S
G X L R N I K X M S L I T B U E F W U I M E N
W F Y N N D E F E D W F U S C T J W N S S F N
N J B A O G K R I N Y S E T K A J M S L I T B
W I T L N O T M N B U R F F N D V Y O O V P U
O A C V O R M Z L Z U E T K M I H I A F T Z Q
```

| | | |
|---|---|---|
| QUIET | GLEN | CULTIVATE |
| ZEAL | SIP | INTUITIVE |
| RAIN | GOTHIC | MEASURE |
| BOISTEROUS | SKYWARD | TWIST |
| PROSPERITY | MOON | ACT |
| ROULETTE | GRABBER | FINALIZE |
| PASTA | PIÑATA | COPE |
| PINATA | LEAPWOOD | RING |

# Puzzle # 34

```
P T I X R I T P J M C N Y S L V Q X W N C Y A
U U O I M S X A G S S Y E U V T V O F I H F V
M E D I T A T E U Y E W I N G W E Q I A A S X
T P K J Z L Y L L H R C M A D K N W K T R S P
V U N T Q G Y L S B A O E C X E G L I N I U M
W K F C N R D N K M L V I W D X A C U U S C K
B L T L I B C O E D F C R I W J G V F O M C X
N M C C V G Q L E U X L H K S L I T O M A E D
N P A G U E D A L S X K T V C L N E G R T S E
E L Y U J T A E P I S T E M I C G C V E I S F
H O H D R A C I T R U S S H A P E S K D C D J
O U H C L L W C T F K N U C I E S F C F E T Q
J C L U B U O T S T R O F F E X L L T L T I R
E T X K Z M B T E D I S N A E C O Z I B R P V
R P H J D R Z V F L O U N C E C A G Z M R M Z
L I Y N A O T W D F I M R F D I H L I U F B M
S Z T H H F I N O O S N O M U T M S L U P B J
S H R E T L E B M A W Y M H I A R R A N G E Z
```

| | | |
|---|---|---|
| DELIGHT | CHARISMATIC | HYPE |
| SYNC | EPISTEMIC | SHAPES |
| MEDITATE | SUCCESS | ENDEAVOR |
| ENGAGING | LYRICAL | MOLD |
| MOUNTAIN | EFFORTS | PUZZLE |
| TIE | FORMULATE | CITRUS |
| MONSOON | ARRANGE | FLARES |
| FLOUNCE | OCEANSIDE | MELD |

# Puzzle # 35

```
C G U O M W Z Z K Z G N G E N A I L J D Y U K
O Y O Z G T A R Q N H T N M Y U J R L R G P N
S H S R N G A O A D C L R I K P I E I P O P O
I F O G C M Y R R J T F A I T U G M T A R X E
Y U D O D L E A B C U V N H D E B B B S S S H X
T J F N E M O E D K D C F U I D M R L S R I U
I K A U O B X M Q T E G A V H U U A G I Q L B
P L U O W T N M S N B O E W C N V N P O E A E
I T B W Q S V N S W U F I L R F I D B N H T R
D J P Q H A R E S H A P E X O M N T O O S J A
N G E E X E S B E R E T B B I H V U P E T M N
E U C Z C F R F H X A I Z M P V G H J L W E T
R Q H B A C Q N H N J Y V U S B Q K M C L W V
E E M Q Q M A O E G T U L R K S Q K Q E H D C
S E H S G M C H G G G A M E T H E O R Y J E I
N D N O I T A T N E S E R P E R V M P S S A Q
I M K C A R D S O S Y H O P T I M I Z E K C B
T R A G E Z I S O L F D N G Z J P D N O F B R
```

| | | |
|---|---|---|
| BERET | FOG | ORCHID |
| REPRESENTATION | GENRE | SERENDIPITY |
| FEAST | LANDMARK | REMBRANDT |
| ACCEPT | GAME-THEORY | TIN |
| BOOMERANG | PASSION | OPTIMIZE |
| CARDS | ITEM | SHAPE |
| INCENSE | EXUBERANT | BOARD |
| MIMING | MAZE | DUTCH |

# Puzzle # 36

| | | |
|---|---|---|
| BIGBEN | FORUM | ACTIVITY |
| RSVPS | DRIFT | HONORS |
| LANDMARK | SALSA | ATTENTION |
| CHARADES | BACKDROP | SLEIGH |
| CAIPIRINHA | AZTEC | PROMISE |
| BELLS | INTROSPECTIVE | OBJECTS |
| STREETFOOD | VISUAL | CHANGEOVER |
| VISIBILITY | CENTURIES | ORANGES |

S U N S E T S T R I P K K A P B F E J D E H W
Y H R B H P U P O P P D X A M R P M V O G Q E
Z L O J G T N A I U A B Q L B E S L T Y H Z G
Q M Q K K E V A T T G N X I L T N A I V X O L
D X M I T M I V U E O M O G N Y C I E Y Q E A
V N T X T P Z T E S L U D N S Q H C C O O S D
G E T M P O W M O R D N U O R V S E B Y G M I
V W E J Z V B A R I S T O T L E R P A O N X A
D B O J T I E C N E S E R P N E B S Z L F C T
D E A X G W G F P O B E P D T A C B Y U T Y O
Y G Y B Y J R T A E I P Y T F C R K P M S H R
O I E B B J G Q P U X Q U Y K V C A Q O V C A
G N S E N J O Y G N I L P M U D M G L W S X Q
R N I Z T A Q J N X C T O S I J P U C I B U N
M I A T M O S P H E R E S A L T I R H I H O G
Z N B U E R I A D X L X X Y B E A T T M O X S
V G G J S W D S E V Y K A P P L A U S E D J E
R S S C O A T L L K J L E S S E N T I A L S D

| | | |
|---|---|---|
| BEAT | GLADIATOR | HEALTH |
| PRESENCE | SETUP | KITE |
| NEWBEGINNINGS | ENJOY | ATMOSPHERE |
| ALIGN | EXHILARANT | APPLAUSE |
| BIGBEN | ARISTOTLE | CINEMA |
| DECLUTTER | TEMPO | ROUND |
| COAT | DUMPLING | SUNSETSTRIP |
| ESSENTIALS | SPECIAL | SALT |

| | | |
|---|---|---|
| FOGGY | OPERA | VISIONARY |
| DRIVEN | EXERCISE | INHERITANCE |
| MARKET | TRACK | IDEATION |
| ENDURE | MOOD | BREAKTHROUGH |
| ESPRESSO | INVENT | APPLY |
| RECAP | INSPIRED | DISPEL |
| CIVILIZATION | SUCCESS | ACHIEVEMENTS |
| EMPHASIS | GAME-THEORY | FORKS |

# Puzzle # 39

```
R O L T U G D P W T B L A L I G H T S H O W D
E Q F D L Y L E N K K Q S Z W E F L S Y W L F
S M H W Z Z A A K N I H T E Q F Q X E N S E P
O V I C U I S G I F A N S P I R I T S A X V R
P L X Q A S S G N I Y A S T S X A P F M O V E
M U F D I G U Z U A N L A U N G I X I R Y N M
O C A O L T Z E N H S A E Y Z E E C Z E B A M
C O R W Q C O F G A M V R Q I N T D J G Z M I
N C N O O T S E F E C C V Y B I T S P Y U V H
W N R E S T R U C T U R E E H A S X I V F I S
J M H L O U E T N I W R L K R T U B K S O A R
P U Y Y T E V B D U K K A C N R R D C F R X W
L Z U X K S B Z K Y I H C O S E T U O S H E C
T H M A P I E L P U O C I H A T G B L K Q R P
G H C W U J T G I L A F S S H N Q L N I P Q K
A P L I C P E R S I S T Y I W E R I U Q D A P
P V E P P E G L U F A E H C Z H S N C K M Q E
Z S P E B A L L D R O P P G U E O Y D R E S S
```

| | | |
|---|---|---|
| BALLDROP | LIGHTSHOW | DRESS |
| PERSISTENT | SHIMMER | COUPLE |
| FESTOON | DUBLIN | HOCKEY |
| SAYINGS | UNLOCK | WIPE |
| CROISSANT | COMPOSER | PERSIST |
| RESTRUCTURE | TRUST | SANGAY |
| ENTERTAIN | CAKE | THINK |
| SPIRITS | PHYSICAL | GERMANY |

# Puzzle # 40

| | | |
|---|---|---|
| CONFETTI | FOUNTAIN | WALTZ |
| EMPOWER | EXHILARANT | ADORATION |
| DECEMBER | OLIVE | JERUSALEM |
| MOTIVATE | INQUIRY | SILVERCOIN |
| JOY | MODERN | VISUALIZE |
| DIRECTIONS | MICROPHONE | MARR |
| CHARM | FRIENDLY | CREATIVITY |
| CLINK | VOCAL | GERMAN |

# Puzzle # 41

```
L I H S A C G U B B O R R G D Q N R T B S Z L
S Y N L E M R K O O X E U A U N W D S A Q C P
T A T D G M L S X W W W U O J B S J P N W L V
X B X V O I A S S O G E A U F S G N U G B R D
F S R P D N V H T O P V P E M E R F R K L H U
T O G H S A B W T H R D E A L A G P H O P A B
G R E K A M E S I O N J L I Z A R B E K V I C
I B F M C T N T Z O J P P A O V C F Z H L Y I
V I F P O H A B I T U A L S U G I D L L R N G
I N P T K C I T S A M C D K T V T M P T T Z S
L G A S A U Y N D L I K I O D D N T S E B O P
T L Q E L E P D B E Y A X U O G A I N U R Y H
V Z T G C O F G H G W G K B O H M T B D O X V
X H M M L A C H I E V E G A R L O S E E N Z R
X M X E I U N G O D P W N J A U R R T P O V H
X G K N N W N O E C A N U P O Y P O H Z B Q T
I N I T C P I C T U R E E M D M N S K M C S X
K S U H H P U J X T R N S T O R H F J T Y U N
```

| | | |
|---|---|---|
| ROMANTIC | GODS | SEGMENT |
| ORDER | ABSORBING | FOUR |
| OUTDOOR | GELATO | INTENT |
| GALA | PALMISTRY | NOISEMAKER |
| THAMES | ACHIEVE | HABITUAL |
| NOTE | PACKAGE | BRAZIL |
| TOWER | CLINCH | PICTURE |
| STICK | TOTAL | BANGKOK |

# Puzzle # 42

```
U O M C X T B P W L T Q Y V W E F U C O O L Z
K C R G H W P R V O V L T O U L F D E I T D W
X E O F F S B O I B T I U S R U P B Z V A O L
X N F X K L N B F M Y N R Y Y Z T Q D E I G A
L T R O M P C E T Y H I R O U S E Y V P U L R
G U E N V E J Y E S Z E F I M P L E M E N T U
U R P B Y E Y Y D M D O O D E L I A T E D X T
B I S T R U C T U R E P L E M U S E R O E Z A
V E E C O D Y L C F J S D H Y J E M C S H Z N
X S M P E H U A A O J J A R B A F E N H X F D
G H S R H C F Z T N Z R O L I B R A P U Z M G
X E D W T G E U E P M T S T W G E T B B A V Y
E F X F E K Q X R O S N B I J L S N I C U P C
T N X J M T C H N A C Y C J C L C H T S Y J N
C J D W A T C I F O R E S I G H T O Q Z T M P
U Y V U G B O C Y E U N D S B W R Y X C L I N
O F L U R U N O I T A T S E F I N A M K Z F C
K L T I S E R H K H M M C E C N A I B M A H W
```

| | | |
|---|---|---|
| LIVE | AMBIANCE | MANIFESTATION |
| ENDURE | FORESIGHT | SYMBOL |
| PERFORM | ARTISTIC | PURSUIT |
| STRUCTURE | STORY | HARMONIOUS |
| CLEANSE | ACTOR | EDUCATE |
| PROBE | DETAILED | CENTURIES |
| RED | NATURAL | IMPLEMENT |
| GAME-THEORY | RESUME | COOL |

# Puzzle # 43

Z K H H U U R L G L Y Q Q C K G E A N W W R N
D L I W R O L O C I T L U M K Y R T S I T R A
L T W V H U J L E V V P O E Y D Z B P H T D Z
U A R A F Z A I N N S T E P L O L A A H X W V
Y B Y Z K Q X Z E D W V B O O G I G P M B A Y
O L T I N S P I R E T O C I O N Q N R K B U V
P E I A I U B A G H J N T R O G H I O R B O H
B M R Q N X D G I A E R A E W Z R M G O T R O
G O U K P I W X Z T J X G H P B C I R W J B W
W U C Y W L R D E P O H P M C A I M E E Z H T
Y N E I R Z I A G M Y Y V E Y N C O S C D U P
R T S N R M X V M A F Y G F C V E G S E J B V
K A M J U J M M H F U X L W O T H D I I G K S
N I T B J E Y U V B M G O Z B R A V O P S C Y
K N D N J P U T H D J H E T B B W T N N O C R
W I S U O I D O L E M H C N I L C A I T N I S
Q L R N S X Y M F J Y A L P S I D E R O M L D
P X V S Z T G V Q B T A Y M I F N F Q D N S N

| SECURITY | BAMBOO | WILD |
|---|---|---|
| GAUGE | MIMING | RIO |
| DISPLAY | ENCHANT | INSPIRE |
| STEP | EXPECTATION | HOPED |
| MARINA | CAPETOWN | FORWARD |
| ENERGIZE | PIECEWORK | MULTICOLOR |
| SCOT | TABLEMOUNTAIN | CLINCH |
| PROGRESSION | ARTISTRY | MELODIOUS |

# Puzzle # 44

```
C R B B V I T R E Y E V I B R A T I O N S P P
P K M U A S Q N O E U L V V Q T S Y M E A W Z
W S P N I G T Q D G Q A E S I V O R P M I L P
Q S M S E K S O Z R O M W N E X R H B G S H A
H I R X W N D S B U R U O P S W I U Z B N G E
Z E W H I S T L E P A S O J D G W C E E C V E
P O I J N G Q W Z N B E L H H U O A L X I G G
M I G N O C R N Q W D M N L U N U A A T X Y H
P E T S A Y K A O E V A I S C T B A C N J W H
T C I Y K R W S P G U G L L Y R D E O U Q L I
I C U P M P K Y A E H Z U G W B P T A I B L T
R H T F F G N G N T O S D X H S T S D C G E J
P R O O D T U O N P I X S M O P F O Y W H H I
S B I B I N Q V A O J J J R P K X R U O R R E
E L V R A G U S N V S U T U M M L F I Y D C V
I X I A M G N A I H C E X M F M U K R X C X V
A A M N V S B O G S R L M F R E E S T Y L E R
H O O W E C H X X G O A R N L P C X H N X T W
```

| | | |
|---|---|---|
| BEACH | SUGAR | PERSIST |
| ESPRIT | LINE | BEAUTY |
| OUTDOOR | WOOL | STEP |
| IMPROVISE | RETROSPECTIVE | SONGKRAN |
| AMUSE | BAROQUE | CONCLUSION |
| FREESTYLER | VIBRATIONS | CHIANGMAI |
| GRAPE | PURGE | GLADNESS |
| HIGHLIGHT | FROST | WHISTLE |

# Puzzle # 45

```
Z M L Y N F C T O O Q M K E R R X X H J A F Q
P P Y G Z I Z J C C Y Q Z D E E N T L O C L E
L A Z E T R U S A E K F I L C H H Y E Z Z D X
A S O K O F E F T N F H D E Y P E C D X O R K
Y S C I L Y Z O R S S R C M V I M D P I O N K
L I Y H G O I X D U X C E E E C U R A C I A P
I O E G V O L T S H F P P P T E Q V K R L Y G
S N L O V J A R N V N P D H A D N E D Z A C B
T A S C Y J U O G O K I M M I H T H E Y A A T
E T R E T C T T U P W L N Y D S J K D E N N Z
L E E A L Z P R E M E M B R A N C E H P E D H
P D D N Q K E B H G P X O R R X Y C N B G L I
I X N N W K C E A S A J E A P O O Y C J A E X
C I I L N Z N A S K X R U T M C E M N W S L B
N Y M N K V O I T U L G N S Z D Q V V P S I F
I D E O Y C C I M N Q A O I M P N J O L E G D
R A R U X Q S L L A B W V H S G C E S M M H P
P H D Y F V R K M T G O A A D H B J L J A T V
```

| | | |
|---|---|---|
| SUSHI | COZY | PERFECT |
| PLAYLIST | ROCKETS | CANDLELIGHT |
| DRINK | HIKE | CONCEPTUALIZE |
| REMINDERS | GARNISH | REMEMBRANCE |
| PASSIONATE | TACKLE | MESSAGE |
| FOXTROT | DECIPHER | BALLS |
| BAKLAVA | MOVE | PRINCIPLE |
| STARRY | RADIATE | MELD |

# Puzzle # 46

```
I Z J D Y J S E S X X L U J S E K R D I N E J
R X C X R W M U T O M W W B I K Q Y Z A W C C
N R O W U U R K W Y T J I B A S A W B Z J E M
Y F G C R H L P A L L O T M E N T U Y P G L S
Y B O F I L M A K L Y Y C G L R P M O K K E I
R I D U B S C I S O D F X S K F O G S O S B L
A H S D X L N W K I S U I Q N B M U O E U R O
U T N I A T N U O M E L B A T H X F C T M A B
N P E R O L P X E C X R Y D R S S N B S O T M
A Z T C V F L M Z O U Y Q J J A A I B A B I Y
J K Y W A K U J M N V V N Z F M T M N P T O S
E T H A T U R U Y T H I B U R V Z Y B A O N K
C U P W I R X T R R T E N O H T P G H A D S H
K X Q N C F F O F O X F F B L I S O N N J G G
K G C I A C P V L A R P V K X L T Y C U C S
Z Z C S N H A B N I E R X L N Q T T R A I S J
M K U Q Y U D J R P S Y E G R U E J L W Q Z K
C N F Y Z E N G A G E R G I S L E E H Z B R G
```

| | | |
|---|---|---|
| JANUARY | SAMBA | DINE |
| TABLEMOUNTAIN | URGE | ALLOTMENT |
| PERFORMANCES | LAUGH | UNIQUE |
| LISONN | FUNFAIR | SYMBOLISM |
| WASABI | GODS | EXPLORE |
| ENGAGE | TROPHY | DANISH |
| PUB | VATICAN | FILM |
| CONTROL | JOYFUL | CELEBRATIONS |

Themed Word Search Puzzles: Issue 3

# Puzzle # 47

```
D A O Q R X J V T A B W C O M P L E T I O N E
B U G L C N G O T I A D D S J Z M L Z C S S X
A N D T Q K T U K P W C G R E Y U M O Q N Y T
L E M U D Y N H U Z L M Z N S X W R Q H O D J
L A A Q A T I C G L I G H T S H O W I Q U R Q
O C J E Y I R E T I N G I X G C K Q Z C T Q Z
O H L C X V Z F P J S F B R I D D L E D H T N
N P T S H E S V J E Y N L W R Q N V V T J E Q
S T C M B G C A Y J B Z I B B R N S L N A Q T
X O E O Q N D U F N B X Y L P P A Y Y M U U S
H A P O L O P L T Q I P D I O R A L O P A I E
O W X C I L O A E E E O I R U R Q O S R K L G
E Q E H Q H M F Q D D R E C A P B T K Z P A N
Q B E D W R P R X K M O W O R C E R A C S X A
W H F I G J S E G A M I D K V E E L S M L E R
S E L D N A C D Y D O V J B D U Q L P O N Y O
T X T B F G F I N N I S H J A Y O S C A R T U
F P O T L Q M R K M N Y G S X S O U D O X Q V
```

| | | |
|---|---|---|
| LONGEVITY | INSIGHT | EXECUTE |
| RIDDLE | POMP | SAUERKRAUT |
| LIGHTSHOW | IMAGES | EXPECT |
| POLAROID | FINNISH | ZURICH |
| OSCAR | APPLY | BALLOONS |
| MYSTIFY | ORANGES | SCARECROW |
| TEQUILA | COMPLETION | BOOM |
| SMOOCH | CANDLES | SNOUT |

# Puzzle # 48

```
Q M C H R Q G E U F E J I G U I S A Y T Y D A
C K U Q V J Q M F J W D K Y C R E Y W N K G R
I O U W S R O L O C R E F L E C T S O O M U M
L O M Y S S Q C I Q W D H M A N T R A R P S P
V R E M M U S H G Y H E R Q N E E U Q F O C C
N X I B I Z U H W W A D U V T Y K R N R I A I
N B T P V T P N C N M I P P F I C V X E M V F
V H R A I W M P K T S C V Z J W E G Y T T R I
A A O N N S U E T J G A N M E R M R U A E W I
C F P A W B J C N Z Z T F O G G Y A R W M E C
V H H M O D E T J T G I K M X M I M R L B N W
R X Y O T P Y N Y Q H O Q K X S I I N I J Q N
Y F Z R S J K I K J R N T E L L U B Z W N T S
K L R E Z M D A P K D S P L A S H I J X V A C
Z O R O J S E O Z Z W Y C O M G P J P V Y T N
Y U Z X L F F I Y Y F L A S H D A Z Z L I N G
N R F P B O G N I T A R A L I H X E E X C E L
N I J A Q N C K X U W M X Y Q T Z B N N K D I
```

| | | |
|---|---|---|
| SUMMER | ROMAN | COMMITMENT |
| EXHILARATING | BULLET | QUEEN |
| RESPECT | COLOR | MANTRA |
| FLASH | TEN | FLOUR |
| FOGGY | MARINA | DEDICATION |
| TIE | COLORS | REFLECTS |
| JUMP | WATERFRONT | EXCEL |
| TROPHY | DAZZLING | SPLASH |

# Puzzle # 49

```
E Z M N Z G B K S B H R J T N M Z Y G J Z H N
W S C M A H R O T T O N O Y W Z S F Y E D J O
D O E W T O N N R T O T K L R V S S O F W H P
B M M F W K O I A I S C I A B M U M E J A B H
O U U M X I B I T U V G N I R P S T O H T O J
Z Z A P T E D I E S T Y E T A R B I V Q W A N
X E S O R A N F G E A L A N I Q P B W C Y R O
T D V M L G U P Y D S L C R W W B V M X S D I
L E N G O H Q M T W I N T Z P W Z X E N Z G T
D X F C Y T I L I B I S I V S S A R R S X A A
Q X E F J L B N Z A Q K G T B V J E R Z P M T
I R D G P P M G N I D L E I Y N U P Y X P E I
G H C E N T E R P I E C E E C Y R O M J V S G
E U C T R A N S F O R M A T I O N R A U Q C A
G B S O I M P R E S S I O N I J N T K J M S D
M E O F M C X M I A L H U E W K A I E H P C Z
S R E L K R A P S H E H S N O I T A R O D A O
Y R O T A R B E L E C L X F C C L W S D S Y K
```

| | | |
|---|---|---|
| SPARKLERS | MUMBAI | REPORT |
| AGITATION | RECOGNITION | MERRYMAKERS |
| MOCHI | TRANSFORMATION | UNYIELDING |
| VISIBILITY | ADORATION | CENTERPIECE |
| GLADIATOR | REBIRTH | BOARDGAMES |
| IMPRESSION | DEVOTION | SALT |
| HOTSPRING | STRATEGY | TEAMWORK |
| VIBRATE | CELEBRATORY | SPRAY |

# Puzzle # 50

```
L G Y R C L U E U M W V X I E B X Q D F Z H N
O L P R D X I V X A E M Q W B R K O M A M G R
Q A A W Y B O F E L B A L L Y S S A N Z C S Y
R Z M I D N H E M C I W P R E P W E Y O V T R
Y L S H E T Z N Y F G O S L O C K Z P U G F X
V O G Z S I G I L H R A Q N N Y J E H E G A Q
D O S V E U Y L P O E R B I Z S L V Z I R R S
U Q O C E S W E P P R W A Y E E J P B Z C I
B V G O H R B M A W P T Z B I N O E Y S P V N
F E F P C U N I T E L T C N W T V A Y Q Z H M
H A N C T P D T B E A T U I A I O A O L S E G
E K Z I H C O L D A Y N F M D M E G D I R B E
H D I J D S A X J B F A O S R E E R P M B J E
B V N T F R D E C E U T Q U T N R N F A A E L
T U Y I L V A R L S L W E Y O T S P R B S M T
C B V B F E U S A A S T R A T E G Y D I G T F
B G E D R O I V A H E B A V H X X O P O C M A
P D W A E Q J C D A R E F C G Y A L B A T H U
```

| CHEESE | PASTA | SARDINE |
|--------|-------|---------|
| STRATEGY | ENRICH | LOCK |
| CREPES | TOMATO | TABLA |
| TIMELINE | PLAYFUL | SYLLABLE |
| BRIDGE | LOCH | PURSUIT |
| BEHAVIOR | FIND | SENTIMENT |
| MEHNDI | CRAFTS | APPLY |
| CRAZY | PREDICT | PREP |

# Puzzle # 51

X I P H M J M S G B X T L D P F N N I L B X A
V M S W C X F N M M Z V S A Z D Q H Z A G C Q
E I Z G X Y I Y E O V E R W R F B U B W Y O S
W J M H F S B C T A K E G E Y S E R M O L P F
O I F K S C S A A P P Y E J J I R I Y B E A V
X I O E L O G Q L T J Z X E W E N A U B V C G
Y D U N L N U I T E N D E R N E S S T T I A M
S G G T F T C X W T D P I N A T A I Z S L B G
P N G D A E U H R H L B T D K S L J R I D A K
G F I K P M A P S P C E M L R L C D A A U N X
N C X W N P X I G E R I F N O B V D V G W A Z
I S O O P L D B N I L A C I R Y L I E V T U L
J O S M J A O R G A M E T H E O R Y D O X Q U
I F U Q M T Q Z J U N W K W H J O Q I E A H Z
E A Q E Q I X Q E N L I G H T E N R O I O O I
B W J I M O T B Q F C Y Q B A M B O O M R T U
S N O I T N E T N I Z J Y D F D S G E Q O X Z
Q P W A Z K B G F A B O U H Y K G C J I X J Q

| VIDEO | COPACABANA | GEYSER |
|-------|------------|--------|
| GAUGE | PINATA | TENDERNESS |
| STARS | LIVELY | INTENTIONS |
| WINS | GAME-THEORY | BEIJING |
| WISH | BONFIRE | ENLIGHTEN |
| ARISE | LYRICAL | METAL |
| HOME | BAMBOO | COMMIT |
| GUESSING | CONTEMPLATION | DISH |

# Puzzle # 52

```
O S N J E V C B F V K N L A A J C Z S F Q M P
Z A H K J X O F H A O N E P F C G Y N H H L B
X I K D U G A D H E W O X B F D D E O S K N U
R N G H E T S L Z R N S B Q I Q V K I E B O B
U O N E I T T R C U L T E B N H B A T H G I W
L T A E W R E L H T B A Z G I B P Y A W C S D
P S H X S C W A J C P L A G T R Z I R J M S C
E E A D A L R H E I F G N Q I E Y T B S U E O
Z U G L O U F I A P M I Z E E A I L E F N R B
V A L G N I T A E S L C R M S K X J L C U P B
W E Y D E G P Y Y P Z O E A F T I D E Z C M L
A U P I L E C D M A G L V G L H S B C Y C I E
R C G B R K A U Q N A K E I O R Q Z D V D K S
B E O Q P W D J A C N Q L C A O A I J F X M T
R B W O N O T T G B I E R A T U E X E B A N O
A R H A N J E H T J C X Y L T G F F B Q L Q N
A A I F R K Y M T X W T X B H H D O A Q Y X E
I B Y I N D D C P D J G Z E M U T S O C G H D
```

| | | |
|---|---|---|
| REVELRY | FLOAT | COAST |
| PICTURE | RECALL | AFFINITIES |
| COBBLESTONE | CAFE | MAGICAL |
| SEATING | IMPRESSION | NOSTALGIC |
| BARBECUE | DAWN | BRAAI |
| TANGO | BREAKTHROUGH | ESTONIA |
| COSTUME | DUMPLING | REWARD |
| TIE | POEM | CELEBRATIONS |

# Puzzle # 53

G N D B A K L A V A U K Z Z N G I D R N Q H A
P V M Y V H A L I V E N E S S T C A I O T B B
R U Q O P Q O D J D M C Q Z K S Z K U M O Z W
I R E U I I Z T M B O R L W G X L O N R M C Y
Z T W G R V Z A R L T E P T L R E W Z U O F S
A Q W F H R G E U C I A X A H K C B Y D L R X
J Q Z D M I U K M Z V T C J X K N A J P E W A
L S T O C Q X Q E T A I T I N I A W Q P H T A
Y T J A N E S K K X T V M L C H D U O M R L I
U C L O F E X P D S I E X R V K H H U E L T H
K Z C J I F O E Y O O H O N Z S E S E E B S C
O M K Z R Y S M R P N O D N Q E Q S R N E Z T
T A E G O A D A B C N Z L N H P P B X T T N Z
J C X N B O B J J Z I J B I E O M D U W I T R
P U N M U S K C A N S S W T R U S N B S Z D C
Y D A Z S C E B U N D L E D E N I S A K S K R
H Q B W T X C D U P H Z Z M Q M K V U O X G K
V I C C Z R U L I F E S T Y L E T E R A B A C

| DANCE | UMBRELLA | MAGICAL |
| SEIZE | EXERCISE | ALIVENESS |
| SNACKS | BAKLAVA | MYSTICAL |
| LIFESTYLE | CROON | TREES |
| CABARET | AURORA | MOTIVATION |
| CONQUER | HOPE | DROP |
| BUNDLE | CREATIVE | INITIATE |
| ROBUST | MINUTES | WIPE |

# Puzzle # 54

```
F A M I L Y I A A R B A R F B D U S L B Z W B
A Z E O T A M C R O D X F V U R U D G L I Z U
E Y S D N A L R E H T E N K I C E T I Y C X W
R S E I R W Y N X H F H O B C Z I A S D R D L
A J G K Z O L A S Z E C D E P Q L P L Q C G Z
P K S N V U E I A T G I E X W A D G E I T X U
E P H I R I P C A N T D R X D D U Q S X G W K
R H Q A U R S R N T X Z T J T E E S U A P N W
P D E L B I B U C A E N W Z S R E D I S N O C
B H N E I I Z V A C N D X S K C O L K I V G E
D K X C V P F G L L E O V Y B G O U M I R I U
Q G R R V P X Z Q Y I N S P A O K N M R Z U D
T X G O L D D F G T E Z I E C H E E R F U L I
U G C P O E Z N I U A P E F R O H W V J A R S
B C N N O P W Y R O T A R B E L E C K C V N R
J Q F M B A L L O O N S Q U U D M V O J N E R
Z S K S A T D D I Y G N I R U O P V O H T O O
S B V G R M R U E Z Q L K J C R B B X V J O Y
```

| | | |
|---|---|---|
| FAMILY | DEFINE | TASKS |
| CONSIDER | VOCAL | CELEBRATORY |
| ISLES | VISUALIZE | SUCCEED |
| BALLOONS | RESONANCE | POURING |
| PORCELAIN | REALIGN | CHEERFUL |
| GUESS | LOCK | PREPARE |
| BRAAI | PAUSE | MARKS |
| DETAIL | VIBRATE | NETHERLANDS |

| | | |
|---|---|---|
| KOALA | WHISKY | SYSTEM |
| RIDDLES | SIGNS | ELATION |
| PARLIAMENT | VIKING | COLLABORATE |
| POP | DESIGN | BUDDHISM |
| JEWEL | CLASSICAL | REPORT |
| SNARE | ARTISTRY | ORANGES |
| ARTICHOKE | AMBITION | MAINTENANCE |
| FORESIGHT | GRID | EXPRESSIONS |

# Puzzle # 56

```
L L I R H T E N J O Y S N O I N A P M O C O T
Y C B G P C L W N L R Y Y V D E Z G E Y B J E
Q X Y U L O J O K I D Y G O M R C C A L G I R
R U P X M S I V S E Z Z I U Q U E T O W I P E
O O K Y Z T X B S D G U E A T T B N I T C R B
Y K I B I A S X F U T R S T O L B Z M Z E H V
A V N B S N O E N I R P E O R U B Y U Q S F O
L T M C P Z T E I U K O E M A C Z K V E K S E
K A W B R A H N F L X N H V G R T Y F S A I V
T A Z L C S L E E H I V C C I Y E D K I T T U
T N E M E L E R N C K M I O C I S A U R E D E
R Z H N D A P I Q I F H A V O V Y E L A Q M Z
Y S H Z O Y L F R R X M Z F U P Y T M I B K F
Q B B S Y Z A K O U W P A P P L Y S R O Z F Z
O U W P K Z Y N D Z H Q T H J A D G B H U E U
D P I O L H F Z T W I L Z G C S M L Z T J C B
W B Z I T J U Y V E T M I X U B J G G K H K G
R S R N F Q L N S G E I X R T T H R E E H O I
```

| | | |
|---|---|---|
| THRILL | ROYAL | ICESKATE |
| ELEMENT | PLAYFUL | FAMILIES |
| CHEESE | ENJOY | AMBITION |
| STEADY | CHORUS | COMPANIONS |
| BERET | FIRE | REALIZE |
| ARISE | STANZAS | WHITE |
| CULTURE | CIGAR | APPLY |
| QUIZZES | THREE | ZURICH |

# Puzzle # 57

```
G S Y B S X E X P E R I E N C E R Z Q J I R D
F T I B E S V F J I U J E R U S A L E M N S K
G D X E T K F B U V X Z S J I I N Z L A E M S
N A E W A Z K M N Z M E D I T A T I O N W Z Y
I C C F N Y A L E F K E E P S A K E U R T T U
N L G D O A H C I R N E H X I H T P S R K M F
E A Q I S D Q R T Z Q K E N C G C S P P X O O
K P D Q E I O F C H E C K Y T O A P A C C F E
A T J E R L P L W O R U N L R C A N J P T V X
W E S E N O T S E L I M E S K F D T B O I T X
A Z R R P H Y H T L A E H Q B O R X L T R V E
J R R V O B F T A R Z L W I R A C K P X J S U
N I Q V N T X B E T T E R A W C E I L U T T R
R U T E N A C I T Y J G N J Q E R M A I W U L
O D I O N R U A O R E N S V D C Y E M D P P X
F W U S R E P P O P E O Q V S X N A S P A H U
B B T T N N Q U Z F Z N H E R L T J L M B X L
E K A H S Y O R Y U Y S D T G E V B D F Y T C
```

| | | |
|---|---|---|
| EXPERIENCE | RUINS | AWAKENING |
| BETTER | ESTIMATE | RESONATES |
| COAT | ACTOR | TENACITY |
| ENRICH | KEEPSAKE | TWO |
| SHAKE | JERUSALEM | CHECK |
| POPPERS | DESCRIPTIVE | MEDITATION |
| CLAP | MILESTONES | HEALTHY |
| PANDORA | HOLIDAY | MEAL |

E R P Y U X H A U R H Z K O C G N O D V V M K
I V T P Y A S T S J I Y Y K B I S R H G V M Y
N Q A O W H I M Z C H N F T A E O M Z J L C G
F S R J X A N A U E O Q S T I W H F G R U T G
L V L L C E A F U Y R P R P O N O G O Q F O Q
A V O I V L P K R P K E E P I X U U X L R S Y
T S A E D I S W W T T Y D Z Z R N M H S E C O
E Y I D K E V E I N T R A N I D A D M V E A R
T K J Y P V K X E A O R I Q U Y O T Q O H R G
I N Y A O O I Z T R E J X P C H W M I G C R B
O M E H C M M S C E L U G B O X T R G O D P E
C S B D M G Y H K B B B P T O W J I I O N S R
G R M E I L H C J U A I D I I B R F K G T E I
V I N O A F R K R X T L W Y L E G F W I W O N
W S C T H Z N Q X E E A T X T V O A M P H V G
E X A A G U R O R Z M N D L O H F A X L S L I
P C V L P L N M C A I T I B I L T M M G A T N
N O I T A D N U O F T F Z J P E T W S R O F G

| ENTERTAIN | OSCAR | SCOPE |
| RINGING | ESTIMATE | COMMUNITY |
| EXUBERANT | AFFIRM | TIMETABLE |
| CONFIDENT | INFLATE | THUNDER |
| SPANISH | IDEAS | CHEERFUL |
| CATALYST | FILTER | IMMENSE |
| ART | INSPIRATION | FOUNDATION |
| JUBILANT | ROUNDUP | SLIDE |

# Puzzle # 59

```
W L I V C C E D F I I A C A Z W H K Z F L G E
N W N N G N W Y I B O X D L W K P Y R R U C C
E Y E Y G G H E R R Y A R L Z N I J W W M G F
I D C B I O U E S I D W O E I G T K I W S N F
P H N A F F A U H W F A Z R W I Y L N W N I G
A O P A G K R L Y O I J M B G N D K E W O T C
R Y A L L E O D L J G N C M D S C F Z Z I S J
E Z P G M S L M P O U R G U U B Z X I R T A G
A R V Y A E I O A V X K J O K X T L L L A C P
F Z E F G G X T D K M D M E J K O T A G R T D
F P L I I E R E M B R A C E A K E I I I B C F
X B L S C A U I G L F T L Y N M B U C T E R N
S L W A N V I S U A L O J M P N V D O R L T O
A C L Q T E O W W D R E A O S G I T S I E V D
Y V U H F I B K I A R Q P Q I Z M V O J C T J
Y I G I D Z N S C Z O J A R L A R E B I L E Q
L B L E Y C H U E B J P N A V L R D J M V W O
J B P I N Z V N M C M Z Y G L O C A L Y O X U
```

| | | |
|---|---|---|
| FAMOUS | CURRY | LIBERAL |
| VISUAL | SOCIALIZE | MADRID |
| LOCAL | LEGACY | CAROL |
| EMBRACE | PLATINUM | CASTING |
| ZEN | ISLAND | TRANQUIL |
| SWING | JAPAN | DISH |
| UMBRELLA | MAGIC | WILD |
| TEMPO | BREAK | CELEBRATIONS |

# Puzzle # 60

```
G P F D L K W K L Z S J X Y G C Z R E R T U H
E D A A T Y F D D A C P O L E V E D O J Q E T
N X R T W U I N E U I G W O R S H I P K M S S
E Z P E Q Y P U R A T O Z N I G R U P D H U T
R V H F D A G O U W S W C J Q L A A B M T F K
A T F C I I N R T K I U I F P A T A A B V S E
T U P A O R S G U Y G Z F R F D I W C N T G I
I P Z B F G I N F Y O A J E A N S Z G O J A R
O Y A R V N V A O N L M F N L E M F U G K E O
N Z G F A A D M T C F N V E S S D T U U S U Q
A T F X B S E C U D E D E W O S A G M A T V P
L J N P P O L I T E A B N A M K T T L G F O L
S D N A L R E H T E N E U L E Z D G R O U P A
X T R L V S Z A J I K L H E A R T F E L T F Y
Z N K Q J S I X U Q P I K A W N C Z J X J K L
A C P Z E D Y R X B S F C Z O U A T V X U C I
G F N H A L A P P E T I Z E R S F H K Z F A S
Z L A R A E W X K M L A A T Y K É G K M C U T
```

| | | |
|---|---|---|
| APPETIZERS | POLITE | SITAR |
| GROUND | GLADNESS | LASER |
| GROUP | WORSHIP | RENEWAL |
| DEVELOP | PLAYLIST | RADIATE |
| CAFÉ | SANGRIA | SET |
| DEDUCE | LOGISTICS | HEARTFELT |
| STOUT | DATE | FUTURE |
| CONSIDER | GENERATIONAL | NETHERLANDS |

# Puzzle # 61

```
D M T C H E V P I O W N S D S R A S T C Y J X
V K O K M A P P I N G J C A N F L P W Z E W Y
W K H W N I A S W I G P P E R V Q X H J A S F
Q D M C E Y T S T C T E O R O Y K A L J Z N O
V G E F L J E B L A R G S B H P T L U W S M Y
J G A K W L S M U A D L E N O O X Y F E L E Q
I L C N Z A F U X K S B N S I D I I J C R D R
F I P Z S D U B E N O S T A L G I A U W D I U
E L U A H R E V O B L C D A D C E I U F E T J
A P G Z U F T Z D G E V H N O Y C B A Q S E E
H H G N I T I C X E L F I T A G A B Q A E R L
E F U K I A H A I B M H E I E S P R I T R R Z
R E L I G I O N C R Q Y Y P A C Q Q Q J T A Z
U X D A C M B M T I D R G A T U D D Y Y A N A
D M U G U Z K R J G G J O S S J X F D N Z E D
B T Z V T D M W W H E U X T D S P N W Z Q A I
A S U R F J O Y W T W O A O D E S S E R T N Q
Z N A V I G A T E W H D I A M G N A I H C Q B
```

| | | |
|---|---|---|
| HOT | BREAD | DESERT |
| NAVIGATE | DAZZLE | EXULT |
| EXCITING | ANTIPASTO | SALSA |
| ZANY | HORNS | POSE |
| BRIGHT | RELIGION | BEGIN |
| PUZZLE | OVERHAUL | NOSTALGIA |
| DESSERT | MEDITERRANEAN | MAPPING |
| ESPRIT | HAIKU | CHIANGMAI |

# Puzzle # 62

```
C I D N N O I F W D W A F N E Z J Y I Q J P N
A A P U H E G V H J F X N A X E H D X E S V Z
V J N B L Z N N I V A S A M A Z E M E N T N U
C M X U T B B B I V M V J Y H T L A E H H Z D
B E R N E E E S F W X S O A F R E N C H G F E
G H W D E X T H Z O O E K F A G O U S J N K V
V C R L Z P A M Z B N L E H X J Y R R H I M I
Q B C E G E L R L E W T G R G W K Y Q C S Y S
X H L H T R U X C G S N F I O E O T O G N X S
H X W S K I M R E S U L T C F E T R L S A Y E
Q G X D O E R R J Z P J Q E E Y B K X K E K C
S J K J P N O B I M R Q P G V O R B T J L O E
U T O P A C F O V F G W A I R P I Z W F C E R
N E Q Y T E E W S Z F T W A I M G I A U C K P
R G G A R Q B O M P S A P A V Q H A X V B E O
I B U P E I G N L Y W S B H E B T O Y M P I O
S F F H A M D M A N T R A G R P E O P B B Y H
E U Y A N F Z E T P C A V A R E T T E L U O R
```

| | | |
|---|---|---|
| EXPERIENCE | RICE | SWEET |
| MANTRA | JOKE | FORMULATE |
| FRENCH | BUNDLE | CAVA |
| HEALTHY | AMAZEMENT | SUNRISE |
| GLOWING | FOG | RIVER |
| JOYRIDE | RESULT | TOKYO |
| STAGE | BRIGHT | AFFIRM |
| ROULETTE | PRECESSIVE | CLEANSING |

# Puzzle # 63

| | | |
|---|---|---|
| PASTA | MOTIVATION | PRIORITY |
| EMBED | GRABBER | AUSTRALIA |
| DUMPLING | VISUALIZATION | TENACITY |
| GUIDE | IMAGE | SLICE |
| TECHNO | EDUCATE | PERSISTENT |
| STARRY | NINE | METAL |
| TRENDY | REALIZE | GROW |
| SHOOTING-STAR | BRAZIL | DULCES |

# Puzzle # 64

```
S S H O O T I N G S T A R U Y X W T I M E R D
U G R C E Q C N S P V N L P V B H E L P R G E
M Q Y E K O J M T M V Y Z X O Z D N L A D N P
G G S D V Q G X S T O E N L H T L A E W G I A
R D Y H E E H L G F X T S J S S R W G N P T T
S N M Y H P L X N P I T S B J H B B I E D H R
I Y J T Z R N R E W E O Q U Z C E R R E A G E
S S R E R H G R Y R Q R L O C A P P B W W I K
B Q Z N E K I L H W W C C V T S J A C G N L C
V V B R T E P P X S F H W Q T U T D Q Q L Q I
T E B M N X B O T L R I F O O E V V D A P X T
I P R C A S U H P A M D H X D H M T M U R I U
Q D E A F F G M B O Y E R U T P L U C S E H P
J M H D F I W D X G K U E T A N O I S S A P L
I H N B L N T K W B S D W Y F L I U J L C X R
P X C Y V A A Z R G N L Q U F N B K M U H T W
S J K E I F J F K X E N T L F F E N F M N B C
E S I Q N C R E M E M B R A N C E S S K X I P
```

| | | |
|---|---|---|
| REVELRY | SCULPTURE | WEALTH |
| BOLSTER | CUSTOMS | FANFARE |
| EXPERIENCE | PASSIONATE | HOTSPRING |
| LIGHTING | TIMER | SKYLIGHTS |
| SKY | MALL | GOALS |
| SHOOTING-STAR | TEN | HYMNS |
| BEAT | ORCHID | REACH |
| DEBATE | TICKERTAPE | REMEMBRANCE |

# Puzzle # 65

| | | |
|---|---|---|
| CHEESE | SNOW | PLAN |
| CORE | RADIANCE | END |
| CELEBRATE | ISLAND | FOCUS |
| PARTYWARE | GLANCE | HYMNS |
| HAPPYNEWYEAR | COFFEESHOP | ARISE |
| SCAVENGER | REMEMBER | EFFIGY |
| BURST | AMBITION | RESPONSIBLE |
| TWIRL | RESONATES | BALLS |

# Puzzle # 66

```
V Z V K C O L M E E J I L V X N K W M F O W H
N I B E C N E T S I S R E P A G X Q B A M K N
N T X H Y R I Y L L L I H C H U S A K F I D G
X T E W V V N L M I B H O W D J W A H I J T M
O C N N N Q L Z T P B Q X U J E G I O L S Z I
L O Z I W K J P E L W A C Z J T I F R T F K O
R N W G L K T M Z C O L P K L B T A P E R D G
T F E T A N O I S S A P O W V I R C T R B O Y
E U K P V A Q I I L Q O R S L Z O T P C E I C
N S S S I K T H G I N D I M I O P S M O Y E S
D I E S O C N E M A L F E O N Z E B N S L J D
E O R B F P W K M J X D N B C I R X A E D H Y
R N U U U O N X R F D Q T I R U Q Z B L K N B
N J T L M P X C M O C J T O U S G R K N L O N
E G R B F K B G L L P O M F Q D A E V I J S I
S T U S C J E P O H X E S R V N S E A F O O D
S C N X Z A P U T E M N F N T C K R Q K O P T
Z C V T G N I P M U J I S E S S E N T I A L S
```

| | | |
|---|---|---|
| MEMORIES | PASSIONATE | PERSISTENCE |
| BULBS | TENDERNESS | INVITE |
| EXOTIC | MIDNIGHTKISS | ESSENTIALS |
| FILTER | NURTURE | ACTS |
| FLAMENCO | K-POP | ORIENT |
| CONFUSION | JUMPING | CHILL |
| SEAFOOD | REPORT | CELEBRANT |
| HOPE | PORK | BALLS |

# Puzzle # 67

| | | |
|---|---|---|
| BELLRING | LAUREL | FOUNDED |
| CONCENTRATION | PRIDE | TREES |
| GRAPES | RIVER | OBJECTIVES |
| DRILL | MAZE | SPIRALS |
| CHEER | VOLCANO | GROUND |
| ENIGMATIC | SYMBOL | GRAVES |
| STARS | COFFEESHOP | BENCHMARKS |
| CONSIDERATION | AFFINITIES | BANGKOK |

# Puzzle # 68

```
N E L N Z E H N P E J E K O B I G S T Q X G R
P L G M W T O F O R E S H A D O W I N U Z Y P
R O M H U S V S P M E J E E Q G L S I G M D Y
V B S R L U A D E V O T I O N V W S P K L N A
S P L R S B U B B L E G M V F L Z U A A S A W
Z R B N A B R U T C R P D R O P Y O P B A S S
D M O B C Q S R C V N E T P J E Y M U U R W N
S E C L T U T A N X A R Z W D D V A A N E V I
B X C R O O T D F C T U V H U A X F J W M V G
F I N N W C L I G Q D T H W I L I Y I C A A H
B C C G A M E A X P W P A L B B B B P Q T C S T
C O E X C H A N G E A L X V Y R E X K R S G M
C K W E K O N C I F R U J G V E D B S T N A H
Z U V U L V V E N L M C X A K L B J L I O K I
O Z W Q Y S E M F S T S V U P L Q K K E V Q X
Q W Y B H H O I G J H U D E Z O V A H S T D T
D R H P I O W S A B X H O Q G R B G S N Y N J
N S N I A T R E T N E I H L U I B S Z M X X G
```

| | | |
|---|---|---|
| FAMOUS | TURBAN | OUTLINE |
| BUBBLE | DEVOTION | DROP |
| NIGHT | SCULPTURE | WHY |
| FORESHADOW | CAMERAS | WIPE |
| SAND | WARMTH | SWAY |
| ENHANCED | COLORS | PAPUA |
| ENTERTAIN | ROLLERBLADE | RADIANCE |
| EXCHANGE | BAKING | MEXICO |

# Puzzle # 69

| FASHION | MYSTERY | VISION |
|---|---|---|
| SUMMARY | INVESTIGATE | CONFECTIONERY |
| OCEAN | URBAN | COLLAGE |
| SPIRITED | LYRIC | CASTING |
| ZEN | GORGEOUS | ATTAINMENT |
| ACTIVE | HOVER | RECEPTION |
| GLOW | POUTINE | PATTERN |
| GUESSING | CANDID | WREATHS |

# Puzzle # 70

```
W C R N S A H S H R N F N V V F Z U C B Y G A
B F H E Y G S Z T M B E O S V O D C D P J B I
E N T H G I L E D Z A T W J X R D K G E A I W
V W K I K U U H O Q I T Q D U E Z R W Q N R X
Y V O A C A D E M I C G R R N C I P L I W D M
E L P I C N I R P J U Z O I J A Z I F O A S U
H C N I L C G P G A Q X Q N X S C C J T O F N
G T T N C K B G H Q X A E K L T L E E W I W I
C L E A J Q X L H C R X T U A R K R E U A S T
E R D P L G F I C P R S S E N R E D N E T P A
A M A L Y Y B S P V E G K U P M A H Z Q J W L
Q W N L K L M T E W D Q A L U Z J W O V W Q P
M B E S H B B E M B E D E T A I L R W I T S Q
H L R P E W G N O Y F T P C A L C L O F K M L
L S E X F E L I H C I T Y S C A P E A E I P O
V K S S O E R E Z S N A E D D X V R G U Q A Z
W M R T L A S T P F E L Q U K W C C K N Q K Y
E J R O D E O D R I V E C L A S S Y M H X L W
```

| | | |
|---|---|---|
| KISS | DRINK | RODEODRIVE |
| DETAIL | GLISTEN | PLATINUM |
| DELIGHT | CRAFT | CLINCH |
| ACADEMIC | MATRIX | TREES |
| HOME | DATE | PRINCIPLE |
| SERENADE | TENDERNESS | SALT |
| CITYSCAPE | WOOL | REDEFINE |
| FORECAST | CLASSY | SAUERKRAUT |

# Puzzle # 71

```
K H I I V B Z R S S E R E N I T Y E I S C D V
N D E O A J T S I W T O W X U P M N X T B K R
E D S C B I K Q G H X C R U I N S U S R L E A
X K S F N E V Y H U I W J T O W Z N N A T W E
P I E R E A X I G O L N I G H T E H I N L X Y
R O V C E Q R A R T Q D R N O N K N F S C T W
E O I A U M Z E N T S N Q T C U D Y G F M O E
S N R K Y V A T B P X Q W A X U C F I O Z X N
S T T E I Z Z E A U J I P C B N E R U R M T Y
I U S U D U M N R D X S T G E C Y E K M P O P
O T R U M X I I R T U E F I Z I M B Z Q O U P
N I T U U S Y I J L S M C S T A R T J R G A A
S C H E H V L B A U A I T P S E U D A O I E H
W K L T V L F T J I F N D Z V L J G L Z S V W
H P F I N Q I M I F C G L O Y P N L N E O N W
G G V R C O T L E P Y O R Q Q A A E X S U B V
Q K I B N K B U V F X P B R K W S N I N K G T
L G H H I S S X J T G G Z B Q Y S H G Q B X O
```

| | | |
|---|---|---|
| STREAMERS | HAPPYNEWYEAR | CAKE |
| PROVERB | HIGH | TWIST |
| EXUBERANCE | SPANISH | SERENITY |
| KEY | TRIVIA | ENCAPSULATION |
| NIGHT | RUINS | STRIVE |
| TRANSFORM | DRILL | NEON |
| KANGAROO | WALL | EFFICIENCY |
| START | CLICKS | EXPRESSIONS |

Themed Word Search Puzzles: Issue 3

# Puzzle # 72

```
S C K D Q T S U X K F C C G Y O D H N T N X N
N S M I L E R H N O R F W L S Z R F G C W J I
G E F R I W E R P A R T Z C L J B I O D A S D
I M M E Q F R N Z S E R D N A R G T E C N F G
S U P C V K U Y X H L A B Y E D G T K N A X P
X T Z T R C T X X K Y D G Y M L I N I T T L E
M S T I Y C N T S J T I D V C M O Z N R C C N
S O A O G S E S A M S T E X I W X V T O O R G
N C O N R O V L V V E I D N L Y H D R U M E A
K X E I Z F D M U C E O G E S D B M O B P S G
H E A L T H A K O Y R N D G R Q V F S L E C E
E J U T O N C U R F F G J L O F G O P E T E D
C R A F T A P I S D M R O P B J N K E S I N B
H S C T R L U A Q E K X Q P H Q T E C H T D O
O W G C E Y Z O N Z F G V J G I H R T O I O B
L R U H M A M T U X E T A I I Q Y R I O O Y Z
D N I G H T L I F E A T D P E L N H V T N N W
Y K S J S W E X V L R N C C N J T G E N R O H
```

| | | |
|---|---|---|
| NIGHTLIFE | ADVENTURE | TROUBLESHOOT |
| FREESTYLER | ACKNOWLEDGMENT | GRAND |
| TRADITION | DIRECTION | CRAZY |
| CRESCENDO | SMILE | INTROSPECTIVE |
| CRAFT | ENGAGED | ORIENT |
| CRACK | COSTUMES | NEIGHBORS |
| HEALTH | FOCAL | COMPETITION |
| SIGNS | COUPLE | TIMING |

# Puzzle # 73

```
D L J E R I I C J U F N Q B W D M M J H L M B
V M S U G A R L O A F H P L X A Q U V F Z Q Y
O U H Z I C E S N O I T C E N N O C B O V V M
R R A M A O L E G A C Y M S G C B W H W P G F
E C R G H N S E I L P P U S Y E B E O T E R O
P H M E V C P O B B N E F I G M P X E Q R G J
S V O V P L L J X N T K N V O L H M R P A G
O Q N H W U K N I T G N I G V V A X D L L K E
R I I D Q S P I L G R I M A G E Y Z E I E M A
P Y O D G I Z I H R T U C E S U O N C Y X X P
B Y U B K O S A Z X D B E O K S T C A H J G O
R W S Z Q N Z O P U H A G G I S N T D C S S P
I I N D U L G E B R A G P V F B B G E S B I X
G E E U N E V J V E R U T P A C G C N T C I C
H J C J N A R X Y G N I L K C A R C C I Y M U
T Y N F F K L O T F Q R V H Y Q S Q E K U T M
N L K K Q J C P E H D C U H K K Y E K V N I D
M R H S T Y L E B O K Y H D F Z H M C V O B J
```

| | | |
|---|---|---|
| DECADENCE | BRIGHT | HAGGIS |
| CONCLUSION | PLAY | PERPLEX |
| DANCEMOVE | BLESSING | KNIT |
| VENUE | INDULGE | CONNECTIONS |
| BEER | LEGACY | PILGRIMAGE |
| SUPPLIES | CAPTURE | HARMONIOUS |
| SUGARLOAF | STYLE | PROSPER |
| KITSCHY | BRAG | CRACKLING |

# Puzzle # 74

```
Z P X N G P A A O G E T A R T N E C N O C T M
K X Y O E I R Y S E R U T N E V D A J I N E F
A Z A W V Y E Z X H S C D D P J L N S F Y C G
A L A E T F V V T L H B E T D I U Q I L D E D
S C B S F T E W I V K V L C X N S F A S Q Y R
R X A A M P L D K L O C I E Z Q C H A M E A A
Z E L E E A E F O T T W A P T D Z G J S Q P D
Y S L I Z N R H I K J B T S Z J R F A O X T I
V Q D R Y D S O B E M D E E L A J B U K S I A
E L R E L O N X U R O K D R D X S D Y U O H N
T B O H A R D M U L H M T A D F S Z S N F E C
F P P Y N A H X P C F P F V L L W J S F I Y E
Y N A G A T P F C E F A A Y L V L I A L Z F U
E I F D Y R T F F M M C L Y O U T H L O L R J
P Y D H A U E R L I K I D A A X Z E C U H U H
W G R R S A D H L E I F O L K L O R E N B D C
Q S O Q J N R I T N E M E G N A R R A C Q D H
U J V F E Q A W O R L D W I D E W G B E E I E
```

| | | |
|---|---|---|
| BALLDROP | YOUTH | ANALYZE |
| RADIANCE | WORLDWIDE | BASE |
| RHYTHM | SAGRADAFAMILIA | ADAPT |
| PANDORA | DEVOTION | LIQUID |
| RESPECT | GOALS | ARRANGEMENT |
| FLOUNCE | REVELERS | SLIDE |
| ADVENTURE | CONCENTRATE | YEASTY |
| DETAILED | CLASSY | FOLKLORE |

# Puzzle # 75

```
P L R D I S P L A Y W X Z N A J J H F M I L G
P Q P D D O M H W V Z Q I C A Y U M C C Z M P
R D D Y K B Q S V F P Q K P E B B Z K A C A W
R G S I M P L I F Y E R A W E L B A T J D J K
A G M E T A L I H C A X E L I T C A T A E Z P
E P L E A S U R E V I T S E F B F G C D T H L
Y V T L P J P L B D O M N Q G L R A S S E E F
S L E P W H N C O H E R E N T J R E E B R A L
X E I I G N I N R A E Y T Z X L Y V N U M R A
V P E M H F T Q R N G T O Y A N A A O K I T N
P M X F A C S L J E Q C G J S N T T T T N F V
N W G S K F A C L Q V R N X W K E T S L E E M
N W F L O U R I S H R I S P K V W A E L X L O
H K F F R E N Z Y O Y T E J X Z N I L X A T B
U T H A M E S U Q H C I Y W Y A J N I H Z X D
C A L L I G R A P H Y C J S Z Y J Z M C Y S K
A R E S E T T I N G W A W S E Z W W N M L C W
C H G N I N N I G E B L I X N W E A K I L O R
```

| | | |
|---|---|---|
| FAMILY | THAMES | ATTAIN |
| CRITICAL | RESETTING | YEARNING |
| FESTIVE | PLEASURE | MILESTONES |
| REVIEW | FRENZY | HEARTFELT |
| DISPLAY | BEGINNING | ACHIEVE |
| FLOURISH | TABLEWARE | METAL |
| CALLIGRAPHY | SIMPLIFY | DETERMINE |
| COHERENT | TACTILE | WET |

# Puzzle # 76

```
X B E Y Y C B K Q K P F E E G U A N L M K R H
V X Q B C O C O A K I P G K O L D D M C V S P
Y O I B M L W C R R L S U O V N R O X Y T H N
V T Z K D W J A C N S A A A E A W T D H Y S E
S X R W J G J M H U N Y G R Y K W W G X V S G
Q S V A Q C K P E S E F T A H H N E M L Z Z A
O K X Y E V A B D K R B M K W N P E N L M U T
Q E I G B H T A B L E M O U N T A I N E H Q I
T M V A L L E V I A T E S E M A H T H D R E V
Y N Y R E I R E D A R A M A C B S W A U P W I
G P A T L U N D E R T A K E I Y D E L I G H T
E A Z H H R O I U G N I S U M A E P F V K H Y
T E S N P O X H C T H G T B M R R A W K I I P
A L M V P M L C L A S S Y O E A S L R F Q R T
R L M M G M U O T X Y O U P X H Y A H P R G G
T A H V D Z L I G O C Z U S I R B A N G K O K
S B G C L B N T R Y H V F O C Y Y M T N A O U
H Z J E L X V O U T B X N E O M Z E H N O M M
```

| | | |
|---|---|---|
| FASHION | PAELLA | ALLEVIATE |
| WHY | CAMARADERIE | CLASSY |
| DELIGHT | MYTHOLOGY | STRATEGY |
| AMUSING | KARAOKE | NEGATIVITY |
| RENEW | PILSNER | GAUGE |
| HEARTY | TREND | BANGKOK |
| THAMES | TABLEMOUNTAIN | TRIUMPHANT |
| UNDERTAKE | ARCHED | MEXICO |

# Puzzle # 77

```
Z T W K L B A J W R F X O O F M T G I W U F Q
N T S J Q M S T C E L L Y I T E G Z R N B V E
N C Y S U K N N Y X O D I Q N H M L Z O Q S T
H E V S M E A E D A S E I R E T E M E C O V I
K C I C M D Y M K Y B M K Y Q J U D K P R V S
P N F O B U A E L L M I F Q F F F I P I N Z E
G A Y X B T D G I V K P F H E W E H T J N V P
M C J Q D I W A S U O Z V W Y R O U U I H I T
V I G B K T Q R L G I O W E U T P B J T O W O
T F Y M P R D U L A D E M T O W I O B M T N K
I I Y C M O F O E A D H N M L L L X V C E E G
M N A C E F H C R F E E G Z E H L A I R E W G
E G E P L R G N M D V D J E V B A H X H Y T V
T I H K T X W E M U U O J F S D W B A N D S X
A S D S L D T A M R O F P A F T F L Y S C W S
B L P X G Y A O S E C L U D P E A H G A U K V
L D Y C A M I T N I A T A G F A D Q E I C F N
E K J S U Z G O F T I E I N C E N T I V E Q Y
```

| | | |
|---|---|---|
| BANDS | JUBILEE | TIMETABLE |
| AMUSING | POSE | MELT |
| FOG | FORTITUDE | INCENTIVE |
| GROOVE | CELL | SIGNIFICANCE |
| SILK | VENTURE | MEDAL |
| FORMAT | INTIMACY | CEMETERIES |
| WALL | INTUITION | ENCOURAGEMENT |
| PHOTO | JAPAN | DULCES |

# Puzzle # 78

```
U C J T Z R E W O K N I K H X Y B L Q M I Z S
Y W R R V A U R O U M A A B Q R M B A Z X W G
M E M E I T R W A C D P L T S J E H A U E Y A
K X G D I E T H A P K E O K H T U M W Z N D T
F V N K E F C R Z X R R F U T R T B E L O C B
B R O C L E W T A X M I L E S T O N E M F G H
O N A R R A T I O N I O I P U O Q V O W B B E
R N V P S H K N U L S D V R X R G H C K C E G
V X E M E R H Y M E L I D K R M Y Y R K U O R
R L I Q A E A R W U A F T I J D O A A Q L B G
I E P I B C T W C L X U A I B W D U C W T W E
E V E M A W Z J N F Q P D B O P T Q K F U Q I
B N G P W D D C K O A L A P U N W E L C R U Z
I O N H J M V F U M Q Z N X D H H K E Z E J I
A K W G M V K A N G A R O O I Y Y A I R K H F
H T G H A P S E N I L P I C S I D L U F H K L
E S C A J S W D F C N A E N A R R E T I D E M
M B J D B B S Y L D E T I E O J F K R U Q W G
```

| | | |
|---|---|---|
| CULTURE | RED | MILESTONE |
| PEER | CRACKLE | PERIOD |
| KANGAROO | DARK | LAUNCH |
| TREK | TIE | NARRATION |
| KOALA | LEPRECHAUN | DISCIPLINES |
| WHY | REMEMBER | TRANSITION |
| MEDITERRANEAN | LAKE | ADVANCE |
| VOW | RHYME | TOLL |

# Puzzle # 79

```
J P C S A K C Y F I T N E D I U S I P P V H B
T G E J C F Z X V U D V B Z H D K F S W P U Q
R J I X J S C A N N E I V T Z H L Z Q V O T C
D E R L A K U N Q H L T W N H P E E J D M H P
C W F T F M R N L J X I Z I K F R Y M F Y P H
C Z V I P Z I U E F S I I O W C M T F J W U O
R N Z U N N O N P T S I O C L D K A P M O J T
B R I E F E U I A Z C N U R T U R E P J H X O
E I H S N R S K W T E O H E E U B J X P G R Z
X B U O K A D A G L I J B V U S W I I S I T C
P Z E O W E J L F H H O R L K D B T J Q C N B
R T S E G Y W V J F N Y N I Z E T Q S W Y Q G
E I T D R W I U G O K O R S C E V A H W L S N
S R X Z A E F O B S Z J T A F P Y L O I O P Z
S I K F M N H S Q N N C W N N Z Z T U A F S J
I P L R S N A C K S R L O S L E D A T R E U P
O S Q A D L V F R Z D C S V F V C C K I U J D
N B Z K W E C I T Y L I G H T S S C T Z W N I
```

| | | |
|---|---|---|
| CONFETTI | BEER | VIENNA |
| EXAMINATION | BRIEF | NURTURE |
| SNACKS | NEWYEAR | IDENTIFY |
| EXPRESSION | SHOUT | SPIRIT |
| CITYLIGHTS | PUERTADELSOL | MAPPING |
| WITTY | CURIOUS | SILVERCOIN |
| JOY | SOUVLAKI | REFINE |
| TWIST | PHOTO | MELD |

# Puzzle # 80

```
G A R X Y Z R G U R C Y O J K A H E D W X V Y
Z H P R G U D Z T T L S L V L V O N S E H Y D
D D A S M B D L A M W O R S H I P I T M D D K
Y X B B S J E C I T C A R P G S B N E E I F S
T V A H A X Q F C O Y F T E T U O R P R L Y H
F N M G F R V I U O R T L F P C N R S G I S K
H V A Z U K X J M N X R U D T O H A A E E L Z
N P Z H S I N A P S N E L R I S N D C N C O I
C A T D P F L I M V Y M V O N X I T S D G Y R
T A R K J M T L E M A C Z F C P R L O X T E X
N D K E S H U A N N E I V R L H E J J Y O A K S
E U U L M I I I V V E N N R U A U C U A N B N
M A D R F A G Y R E G A M I S P Q C N O L S I
A S K J L Q C N U T N F W I I I N E F R P P O
N O M S X X Q D S B W H O Q O D O K H L H F D
R Q K M S W S E J O Y O U S N V C F L S A J U
O L C R B Q U Q L B H H H B A Z A A R P J G K X
B M B B Y E V I T C E P S O R T E R B B F B E
```

| | | |
|---|---|---|
| JOYOUS | WORSHIP | VIENNA |
| TRIUMPHANT | SIGNS | INCLUSION |
| CAMERA | SPANISH | LAKE |
| EMERGE | IMAGERY | PONTOONS |
| BAZAAR | CEILIDH | STEPS |
| CONQUER | RETROSPECTIVE | ORNAMENT |
| CAMEL | RUMBA | PRACTICE |
| PLAYLIST | NINE | ORANGES |

# Puzzle # 1

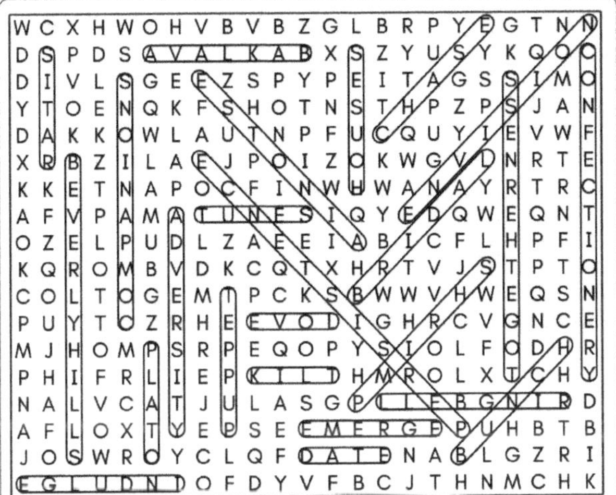

| | | |
|---|---|---|
| LOVE | TUNES | ADVERSITY |
| PUPPET | TOGETHERNESS | BRIDAL |
| CHASE | ENVISION | DATE |
| SHRIMP | COMPANIONS | PERSISTENCE |
| BEVERLYHILLS | PLATO | ESTONIA |
| BUNCH | EMERGE | KILT |
| RINGBELL | CONFECTIONERY | INDULGE |
| SITAR | BAKLAVA | HOUSES |

# Puzzle # 2

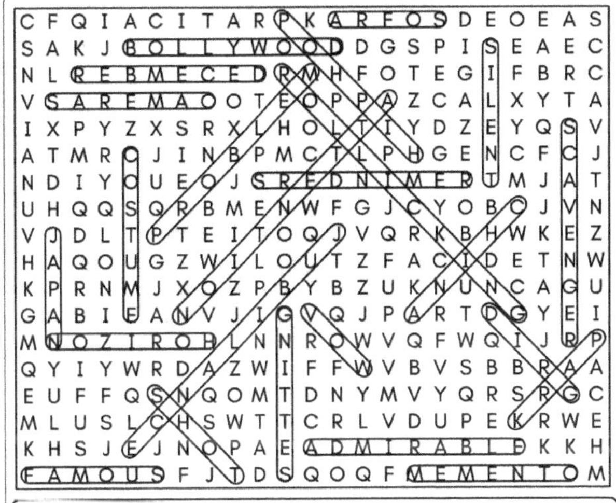

| | | |
|---|---|---|
| DECEMBER | PARK | VOW |
| MEMENTO | GRID | JAPAN |
| FAMOUS | ATTENTION | REMINDERS |
| JUBILANCE | CAMERAS | CHINA |
| COSTUME | SETTING | SCAVENGER |
| SHOT | HORIZON | SILENT |
| BOLLYWOOD | ROLLICKING | HIPHOP |
| PROBLEM | ADMIRABLE | SOFRA |

# Puzzle # 3

| | | |
|---|---|---|
| ILLUMINATION | TOWER | CAVA |
| INITIATIVE | MAXIMS | TIMEPIECE |
| FORTUNES | SAMBA | KNOWLEDGE |
| CONCEPTS | SPIRITED | THUNDER |
| ROYAL | MEHNDI | SUGAR |
| RISE | CLICKS | SYDNEY |
| QUEUE | ARCHITECTURE | DARK |
| UNYIELDING | SINGER | PAPUA |

# Puzzle # 4

| | | |
|---|---|---|
| FIREWORK | LIGHTSHOW | INNOVATE |
| URGE | SINGER | GIANT |
| ILLUMINATION | REUNIFICATION | EDUCATE |
| TIME | ITEM | PASTRY |
| WISH | SKATEBOARD | PAUSE |
| ANALYSIS | HEIRLOOM | MARR |
| SPANISH | WILD | OVERCOME |
| BLOWERS | PAJAMAS | GRAVES |

# Puzzle # 5

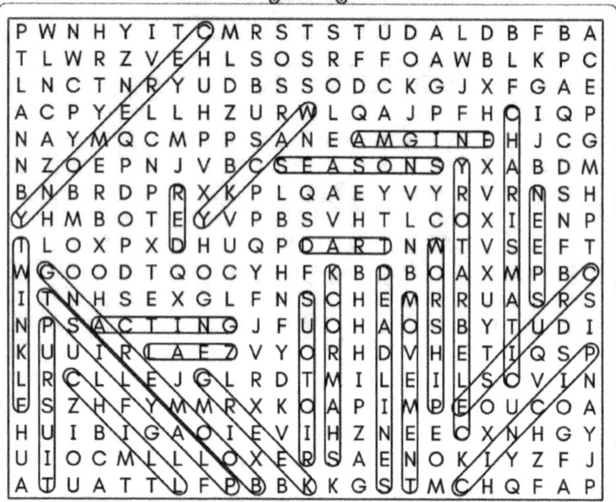

| | | |
|---|---|---|
| BOOMERANG | MOVEMENT | NEEPS |
| DEADLINES | PLAYLIST | TWINKLE |
| CRUISE | WORSHIP | SHAMROCK |
| ZEAL | DART | SEASONS |
| PICNIC | GREEK | CHARISMATIC |
| RIOTOUS | ACTING | CELEBRATORY |
| CEREMONY | RED | PURSUIT |
| WACKY | ENIGMA | CHILL |

# Puzzle # 6

| | | |
|---|---|---|
| VIBRANT | SEAFOOD | LAKE |
| CONQUER | LASER | COORDINATION |
| PHOTOS | BONFIRE | ATTAIN |
| LEARN | SMILE | SYMBOLISM |
| OCEAN | REDCARPET | POTENTIAL |
| AIM | BLESSINGS | BAKING |
| REFLECT | CNTOWER | FORMATION |
| FREESTYLER | ROAR | PREPARE |

# Puzzle # 7

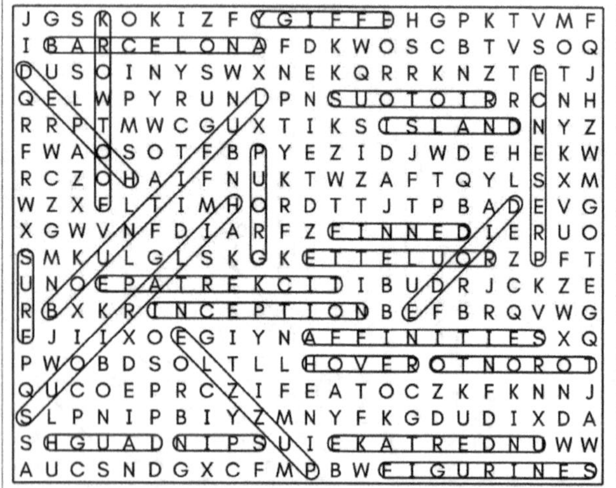

| | | |
|---|---|---|
| GROUP | ISLAND | PRESENCE |
| PUZZLE | DIODE | HOPED |
| SURF | BARCELONA | RIOTOUS |
| FOOTWORK | AFFINITIES | FIGURINES |
| SPIN | TORONTO | UNDERTAKE |
| HOVER | TICKERTAPE | BOUNTIFUL |
| LAUGH | INCEPTION | ROULETTE |
| HILARIOUS | EFFIGY | FINNED |

# Puzzle # 8

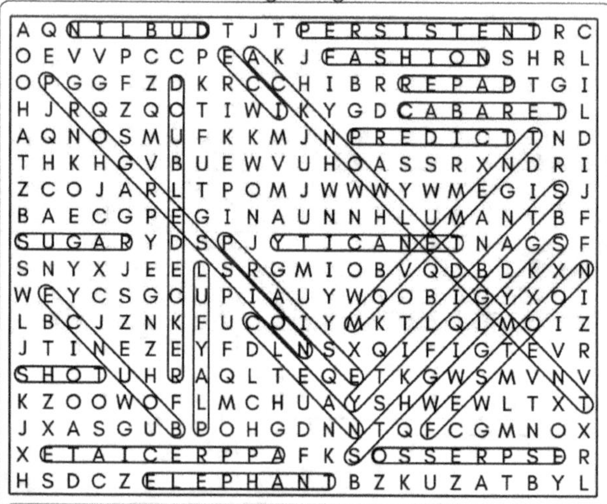

| | | |
|---|---|---|
| FESTOON | DOUBLEDECKER | SUGAR |
| STABILITY | PRAISE | ACKNOWLEDGMENT |
| FASHION | MOVEMENT | ICE |
| PERSISTENT | CLEAN | SHOT |
| CABARET | ELEPHANT | DUBLIN |
| PROGRESSION | PLAYFUL | SKYLIGHTS |
| PAPER | ESPRESSO | TENACITY |
| APPRECIATE | PREDICT | BOUNCE |

## Puzzle # 9

| NIGHTSKY | DYNAMIC | TACO |
| --- | --- | --- |
| FUNFAIR | ITEM | BEAUTY |
| SPIN | PUPPET | COMPLETION |
| VENUE | ALLOTMENT | DIVE |
| CAESAR | ACTOR | ACHIEVEMENTS |
| CLASSIC | VIBRATIONS | FLAME |
| CHRISTIANITY | VINEYARD | REASSESS |
| BALLET | SLEIGH | MELD |

## Puzzle # 10

| GATHERING | ANTIPASTO | CAKE |
| --- | --- | --- |
| INTERVAL | JOVIAL | SEVEN |
| APPETIZERS | SCOT | AMBITION |
| CONQUER | GRACIOUS | TIMEPIECE |
| HARMONY | WELCOMING | INSISTENCE |
| CRESCENDO | IMAGE | SILENT |
| BRIGHT | BONGO | SCOPE |
| SUDOKU | NARRATION | WEAR |

## Puzzle # 11

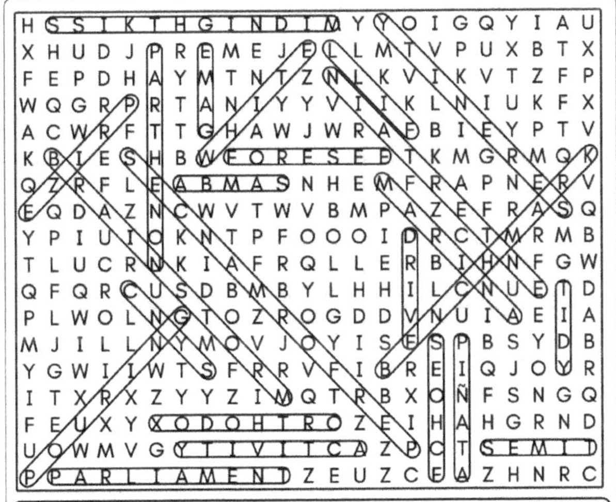

| PERFORMANCES | GAME | MARINA |
| --- | --- | --- |
| ACTIVITY | DRIVE | TIMES |
| ENTERTAIN | MIDNIGHTKISS | PIÑATA |
| PRIZE | BENCHMARK | POURING |
| PARLIAMENT | PARTHENON | BRAINSTORM |
| FORESEE | SYNC | WHITE |
| SAMBA | ORTHODOX | SERENITY |
| TIDY | ECHOES | FILL |

## Puzzle # 12

| FIREWORKS | TRUMPET | RESOURCES |
| --- | --- | --- |
| COMPETITION | FIZZY | NURTURE |
| CHAMPAGNE | SAGA | ROUTINE |
| HUMOR | REFLECTIONS | BRISK |
| SINGERS | RECHARGE | BASH |
| ULTIMATE | SEASONS | REVEAL |
| FLUTE | INITIATIVE | OUTLANDISH |
| PLAYBACK | INTIMACY | WET |

# Puzzle # 13

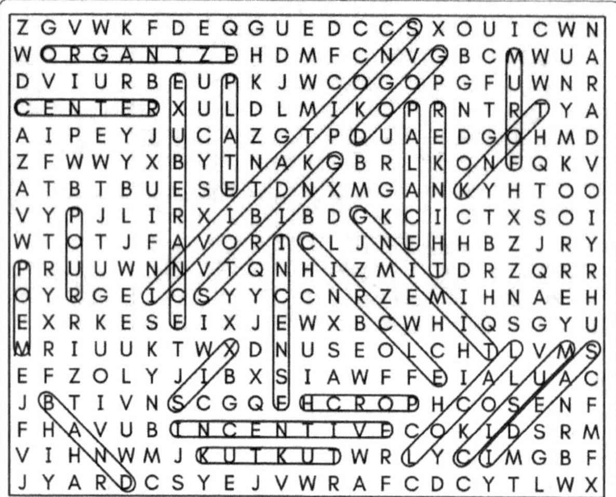

| | | |
|---|---|---|
| MUSIC | INCENSE | ORGANIZE |
| INVITATIONS | KNOT | PORCH |
| EXUBERANCE | FORUM | IDEAS |
| POUR | POEM | TIMING |
| LOCAL | TUKTUK | CENTER |
| STRING | SIX | GOOD |
| BAND | PALACE | INCENTIVE |
| THINKER | PLATE | CIRCLE |

# Puzzle # 14

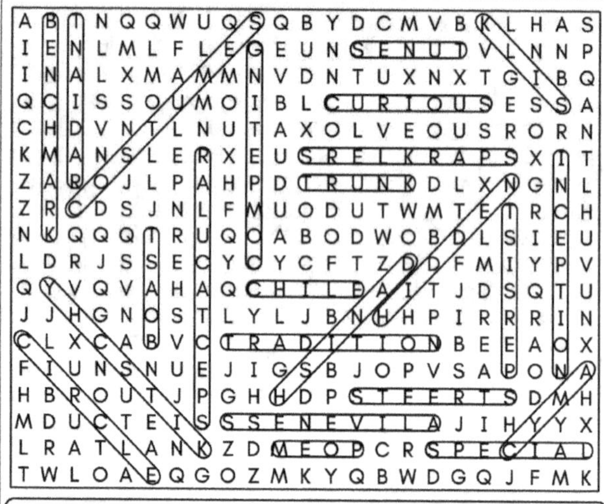

| | | |
|---|---|---|
| SPARKLERS | PERSIST | SPECTACULAR |
| POEM | COSTUMES | HIDDEN |
| TRADITION | BENCHMARK | COMPETING |
| RADIANT | TUNES | DANISH |
| SILK | KITSCHY | CYMA |
| CURIOUS | ALIVENESS | CIRCLE |
| INCEPTION | SPECIAL | TRUNK |
| BOAST | STREETS | CHILE |

# Puzzle # 15

| | | |
|---|---|---|
| SUMMER | HOGMANAY | CONCEPTS |
| HYPE | GRID | COMMUNITY |
| INCENSE | OLDTOWN | GROW |
| LUMINESCENCE | RELATIONS | RHYTHMS |
| DESSERT | GOTHIC | STRENGTH |
| PIECEWORK | SWEETS | CANDLE |
| ORTHODOX | GATEWAY | TROUBLESHOOT |
| KEEPSAKE | MERRYMAKERS | CHOCOLATES |

# Puzzle # 16

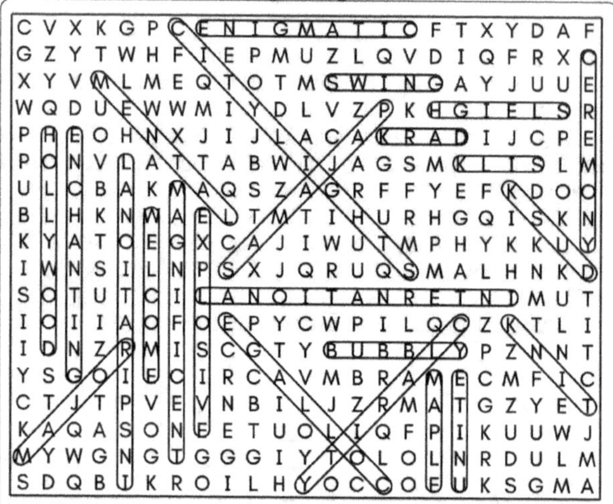

| | | |
|---|---|---|
| CITYLIGHTS | INTERNATIONAL | MAGNIFICENT |
| COLLAGE | SWING | MAJOR |
| CEREMONY | KNIT | HOLLYWOOD |
| MENTAL | ENIGMATIC | EXPLOSIVE |
| DUSK | DARK | MAPLE |
| INSPIRATIONAL | PAJAMAS | SLEIGH |
| SILK | ENCHANTING | CLARITY |
| BUBBLY | UNITE | WELCOME |

## Puzzle # 17

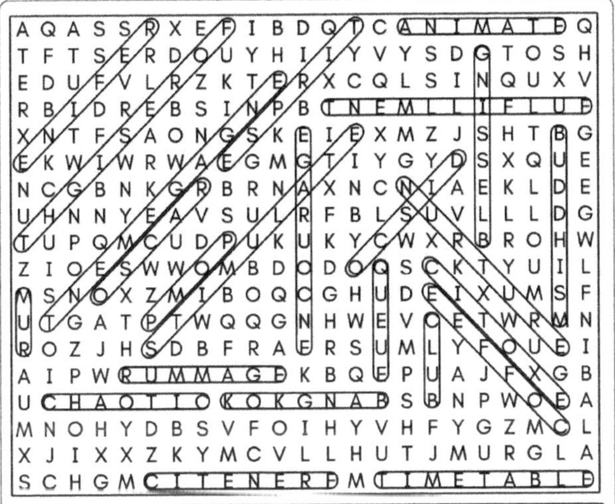

| | | |
|---|---|---|
| QUEUE | RUM | ENCOURAGE |
| CHAOTIC | ENGAGEMENT | POMP |
| EXOTIC | COFFEE | TIMETABLE |
| FRENETIC | RUMMAGE | BUDDHISM |
| BLESSING | ANIMATE | REFINE |
| ESPRIT | FORESIGHT | NURTURE |
| CLUB | OSCAR | FULFILLMENT |
| DISCO | STIMULATE | BANGKOK |

## Puzzle # 18

| | | |
|---|---|---|
| VIBRANT | SALSA | MYSTERIOUS |
| INTERVAL | PROBE | FLAIR |
| CAFÉ | SWEATER | SYNAGOGUE |
| UNRESTRAINED | TACTILE | ZURICH |
| RANGOLI | MAGIC | MAP |
| PARTYWARE | PACKAGE | DIP |
| CAFE | WALL | ANALYZE |
| FREESTYLER | THRONGS | DUTCH |

## Puzzle # 19

| | | |
|---|---|---|
| STARLIGHT | SUNSET | VOLCANO |
| REACH | VOW | EXPOSURE |
| LONDONEYE | BAKLAVA | ICE |
| COPE | RELAY | HOSPITALITY |
| EXCITING | SILK | LAUNCH |
| STREAMLINE | YEASTY | AFFECTION |
| SOCRATES | WATER | COMPLETES |
| CRAZY | MIND | TOSS |

## Puzzle # 20

| | | |
|---|---|---|
| GLITTER | GLACIER | DEDICATE |
| ANEW | SUPERB | HOUSE |
| TICKETS | VANGOGH | EFFICIENCY |
| ANTICIPATION | QUIZ | FINLAND |
| WINE | GATEWAY | TIDY |
| GROOVE | DIODE | CLEANSING |
| FLAMENCO | MILESTONE | RESETTING |
| SPECTACULAR | FERVOR | LOVEDONES |

## Puzzle # 21

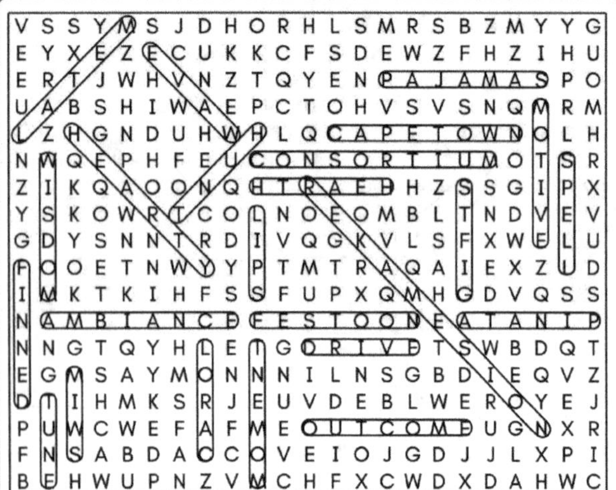

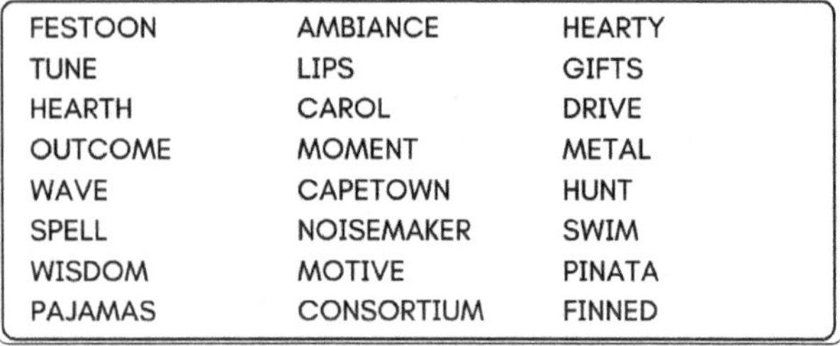

| | | |
|---|---|---|
| FESTOON | AMBIANCE | HEARTY |
| TUNE | LIPS | GIFTS |
| HEARTH | CAROL | DRIVE |
| OUTCOME | MOMENT | METAL |
| WAVE | CAPETOWN | HUNT |
| SPELL | NOISEMAKER | SWIM |
| WISDOM | MOTIVE | PINATA |
| PAJAMAS | CONSORTIUM | FINNED |

## Puzzle # 22

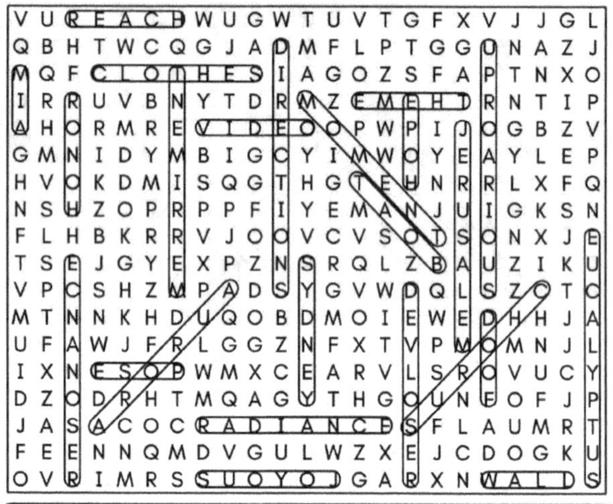

| | | |
|---|---|---|
| JOYOUS | HONOR | RESOLVED |
| AIM | CHORUS | MOMENT |
| VIDEO | AURORA | REACH |
| THEME | RESONANCE | SYDNEY |
| BOAT | WALL | MERRIMENT |
| DIRECTIONS | POSE | CLOTHES |
| EUCALYPTUS | JERUSALEM | UPROARIOUS |
| RADIANCE | HOPE | FOOD |

## Puzzle # 23

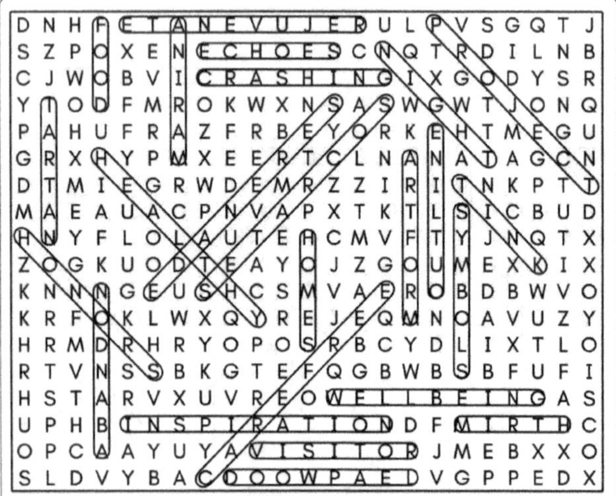

| | | |
|---|---|---|
| VISITOR | TARTAN | PROJECT |
| CAREFREE | CRASHING | ECHOES |
| NIGHT | KNIT | OUTLINE |
| ABANDON | SERENADE | HOMES |
| SOCRATES | INSPIRATION | WELLBEING |
| MIRTH | LEAPWOOD | HONORS |
| MARINA | SYMBOLS | HEALTHY |
| REJUVENATE | ARTFORM | FOOD |

## Puzzle # 24

| | | |
|---|---|---|
| LAUGHTER | DUSK | ENLIGHTEN |
| TROUBLESHOOT | ROUNDS | TUNES |
| CRUMPET | STYLE | CREATIVITY |
| PROMISE | ENIGMATIC | SEVEN |
| PINT | JERUSALEM | ENGAGED |
| UNDERTAKE | MEMENTO | RANGOLIARTIST |
| CAMEL | CRICKET | OBJECTIVE |
| ASTONISH | REPETITIVE | AMSTERDAM |

## Puzzle # 25

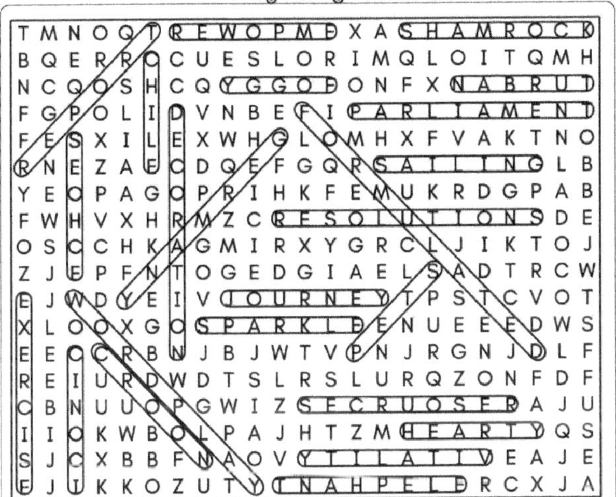

| | | |
|---|---|---|
| RESOLUTIONS | FOGGY | FORMULATED |
| REPORT | HEARTY | SAILING |
| ICONIC | TURBAN | RESOURCES |
| JOURNEY | WORDPLAY | DECORATION |
| SPARKLE | ELEPHANT | EMPOWER |
| EXERCISE | CROON | CHILE |
| PARLIAMENT | SHAMROCK | STEP |
| VITALITY | ECHOES | GERMANY |

## Puzzle # 26

| | | |
|---|---|---|
| SHOW | GAUDI | INCENTIVE |
| RIDDLES | PARADIGM | KILTS |
| HARMONY | MARIACHI | RINGING |
| CODE | ESSENCE | RUSSIA |
| PASSION | RESILIENCE | SPIRITED |
| UNRAVEL | SHOT | JUMPING |
| SCULPTURE | COPE | LIGHTING |
| TRUNK | SECONDS | FINNED |

## Puzzle # 27

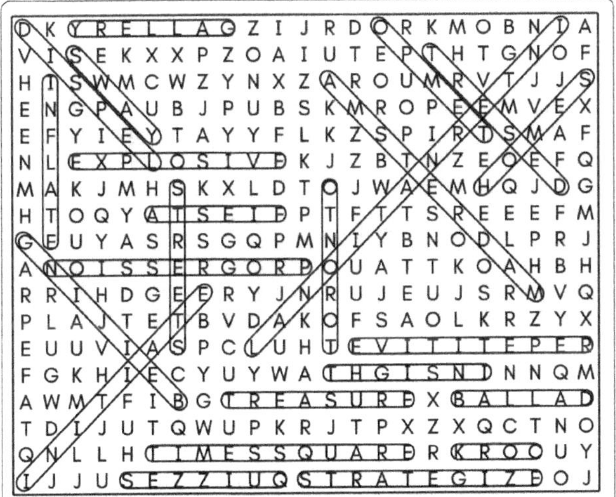

| | | |
|---|---|---|
| TIMESSQUARE | GALLERY | INITIATE |
| TEMPO | REPETITIVE | STREETS |
| FIESTA | CORK | INSIGHT |
| SWAY | DISPEL | HOMES |
| DESERT | TORONTO | PROGRESSION |
| INFLATE | EXPLOSIVE | BALLAD |
| INTERNATIONAL | STRATEGIZE | QUIZZES |
| TREASURE | BEIJING | AMSTERDAM |

## Puzzle # 28

| | | |
|---|---|---|
| BOATPARTY | CONGA | CHALLENGE |
| BASH | RUMMAGE | CONFECTIONERY |
| CHARM | BAMBOO | OBJECTIVES |
| REMINDERS | BUBBLE | TREE |
| LONGEVITY | BRAAI | CHRONOLOGY |
| PINATA | UNLOCK | WREATHS |
| RUMBA | INTENTIONAL | EFFICIENCY |
| CLUE | CUDDLE | PAPUA |

# Puzzle # 29

| | | |
|---|---|---|
| EXUBERANCE | SAKE | LAKE |
| REVIVE | SEARCH | LIMERICKS |
| FUN | PARTHENON | AZTEC |
| ARRANGEMENT | CLEVER | POSE |
| FAMILY | DESERT | AMBITION |
| ACTING | PROPHECY | ADORATION |
| BOAT | NORTHERNLIGHTS | FOCUSED |
| INDULGE | GIFT | CANDY |

# Puzzle # 30

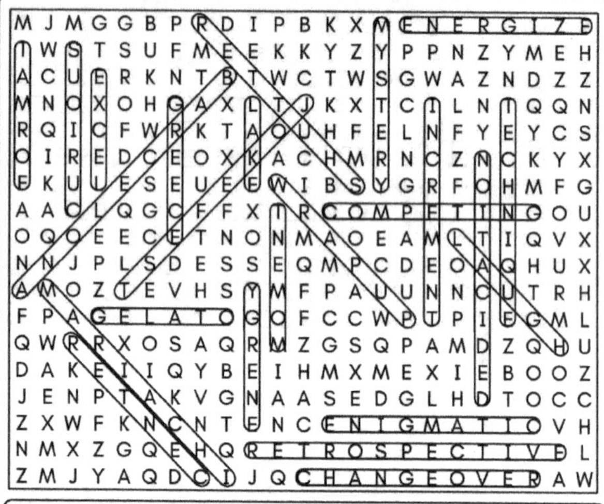

| | | |
|---|---|---|
| ENERGY | BARCELONA | CENTER |
| JOKEFEST | ENIGMATIC | SHUTTER |
| LAUGH | LAKE | DEDICATION |
| CHANGEOVER | RETROSPECTIVE | WRAP-UP |
| GELATO | MARIACHI | EXCEL |
| TECHNIQUE | FORMAT | MOMENT |
| MYSTERY | INCREMENT | ENERGIZE |
| COMPETING | CURIOUS | GREECE |

# Puzzle # 31

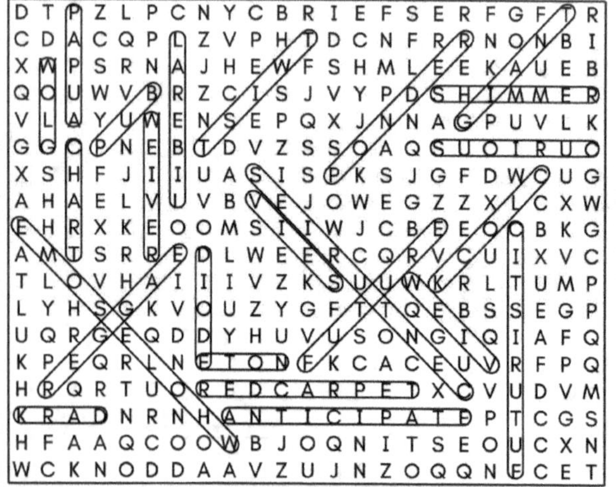

| | | |
|---|---|---|
| PUB | FUTURISTIC | FUTURE |
| ANTICIPATE | TWIST | GIANT |
| VIEW | DARK | REVIEW |
| REGGAE | VIES | CENTURIES |
| GLOW | LIBERAL | CHART |
| SHIMMER | DIODE | WHOLESOME |
| CLOCK | REDCARPET | PONDER |
| NOTE | CURIOUS | PAPUA |

# Puzzle # 32

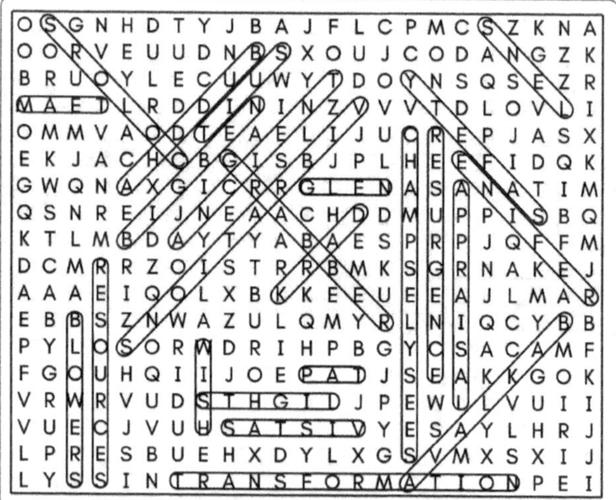

| | | |
|---|---|---|
| LIGHTS | ANCIENT | GLEN |
| RESOURCES | TAP | RESURGENCE |
| SAFETY | BIGBEN | DARK |
| REFINE | BLOWERS | LENS |
| CHAMPSELYSEES | BAKLAVA | SUIT |
| TEAM | VISTAS | COLORS |
| WISH | BUDDHA | TRANSFORMATION |
| APPRAISAL | GRABBER | VIBRATIONS |

## Puzzle # 33

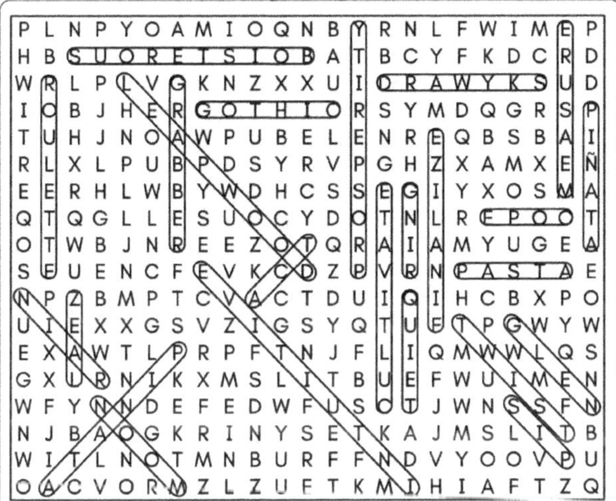

| | | |
|---|---|---|
| QUIET | GLEN | CULTIVATE |
| ZEAL | SIP | INTUITIVE |
| RAIN | GOTHIC | MEASURE |
| BOISTEROUS | SKYWARD | TWIST |
| PROSPERITY | MOON | ACT |
| ROULETTE | GRABBER | FINALIZE |
| PASTA | PIÑATA | COPE |
| PINATA | LEAPWOOD | RING |

## Puzzle # 34

| | | |
|---|---|---|
| DELIGHT | CHARISMATIC | HYPE |
| SYNC | EPISTEMIC | SHAPES |
| MEDITATE | SUCCESS | ENDEAVOR |
| ENGAGING | LYRICAL | MOLD |
| MOUNTAIN | EFFORTS | PUZZLE |
| TIE | FORMULATE | CITRUS |
| MONSOON | ARRANGE | FLARES |
| FLOUNCE | OCEANSIDE | MELD |

## Puzzle # 35

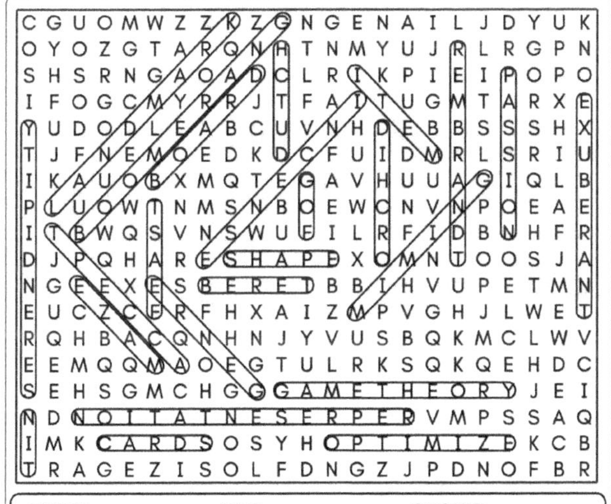

| | | |
|---|---|---|
| BERET | FOG | ORCHID |
| REPRESENTATION | GENRE | SERENDIPITY |
| FEAST | LANDMARK | REMBRANDT |
| ACCEPT | GAME-THEORY | TIN |
| BOOMERANG | PASSION | OPTIMIZE |
| CARDS | ITEM | SHAPE |
| INCENSE | EXUBERANT | BOARD |
| MIMING | MAZE | DUTCH |

## Puzzle # 36

| | | |
|---|---|---|
| BIGBEN | FORUM | ACTIVITY |
| RSVPS | DRIFT | HONORS |
| LANDMARK | SALSA | ATTENTION |
| CHARADES | BACKDROP | SLEIGH |
| CAIPIRINHA | AZTEC | PROMISE |
| BELLS | INTROSPECTIVE | OBJECTS |
| STREETFOOD | VISUAL | CHANGEOVER |
| VISIBILITY | CENTURIES | ORANGES |

## Puzzle # 37

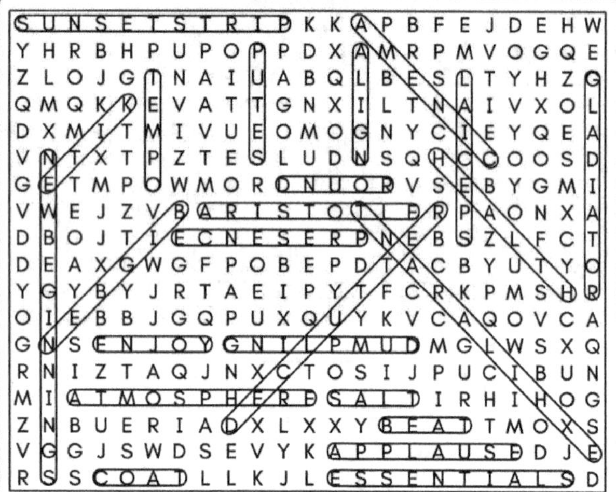

| | | |
|---|---|---|
| BEAT | GLADIATOR | HEALTH |
| PRESENCE | SETUP | KITE |
| NEWBEGINNINGS | ENJOY | ATMOSPHERE |
| ALIGN | EXHILARANT | APPLAUSE |
| BIGBEN | ARISTOTLE | CINEMA |
| DECLUTTER | TEMPO | ROUND |
| COAT | DUMPLING | SUNSETSTRIP |
| ESSENTIALS | SPECIAL | SALT |

## Puzzle # 38

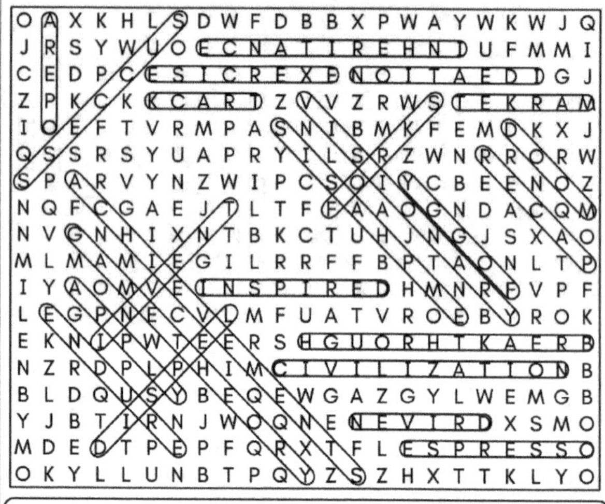

| | | |
|---|---|---|
| FOGGY | OPERA | VISIONARY |
| DRIVEN | EXERCISE | INHERITANCE |
| MARKET | TRACK | IDEATION |
| ENDURE | MOOD | BREAKTHROUGH |
| ESPRESSO | INVENT | APPLY |
| RECAP | INSPIRED | DISPEL |
| CIVILIZATION | SUCCESS | ACHIEVEMENTS |
| EMPHASIS | GAME-THEORY | FORKS |

## Puzzle # 39

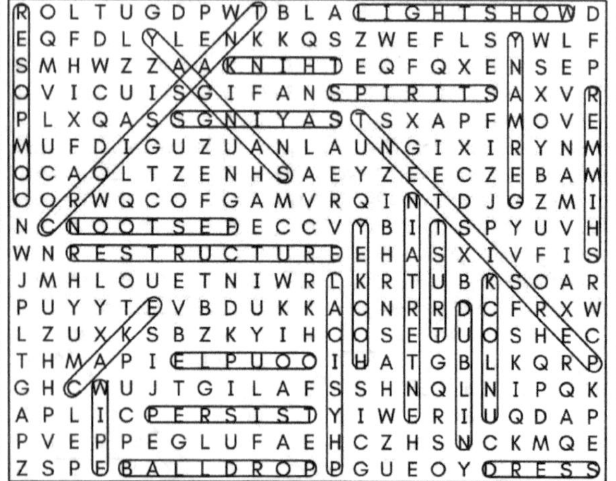

| | | |
|---|---|---|
| BALLDROP | LIGHTSHOW | DRESS |
| PERSISTENT | SHIMMER | COUPLE |
| FESTOON | DUBLIN | HOCKEY |
| SAYINGS | UNLOCK | WIPE |
| CROISSANT | COMPOSER | PERSIST |
| RESTRUCTURE | TRUST | SANGAY |
| ENTERTAIN | CAKE | THINK |
| SPIRITS | PHYSICAL | GERMANY |

## Puzzle # 40

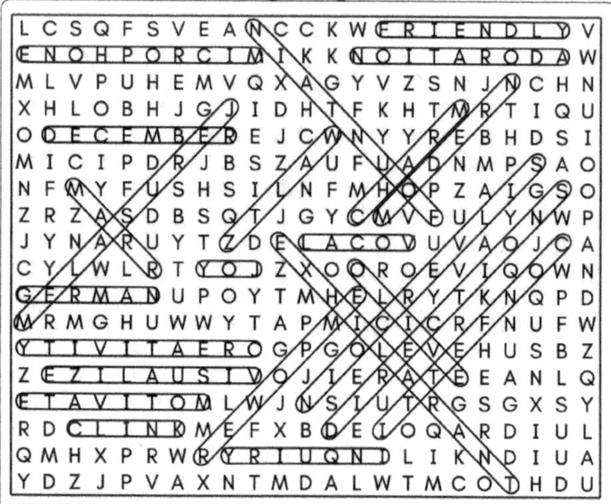

| | | |
|---|---|---|
| CONFETTI | FOUNTAIN | WALTZ |
| EMPOWER | EXHILARANT | ADORATION |
| DECEMBER | OLIVE | JERUSALEM |
| MOTIVATE | INQUIRY | SILVERCOIN |
| JOY | MODERN | VISUALIZE |
| DIRECTIONS | MICROPHONE | MARR |
| CHARM | FRIENDLY | CREATIVITY |
| CLINK | VOCAL | GERMAN |

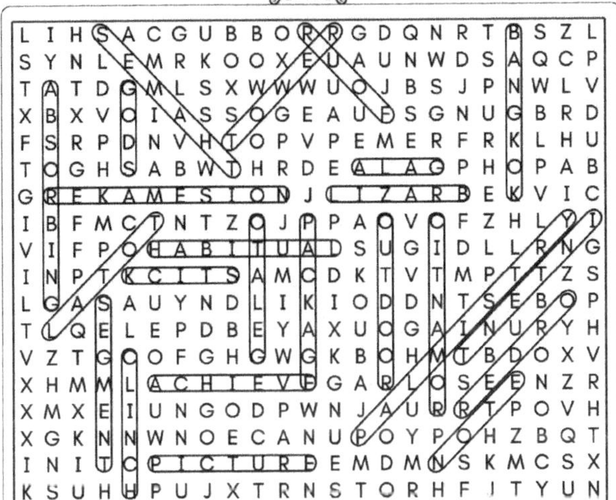

| | | |
|---|---|---|
| ROMANTIC | GODS | SEGMENT |
| ORDER | ABSORBING | FOUR |
| OUTDOOR | GELATO | INTENT |
| GALA | PALMISTRY | NOISEMAKER |
| THAMES | ACHIEVE | HABITUAL |
| NOTE | PACKAGE | BRAZIL |
| TOWER | CLINCH | PICTURE |
| STICK | TOTAL | BANGKOK |



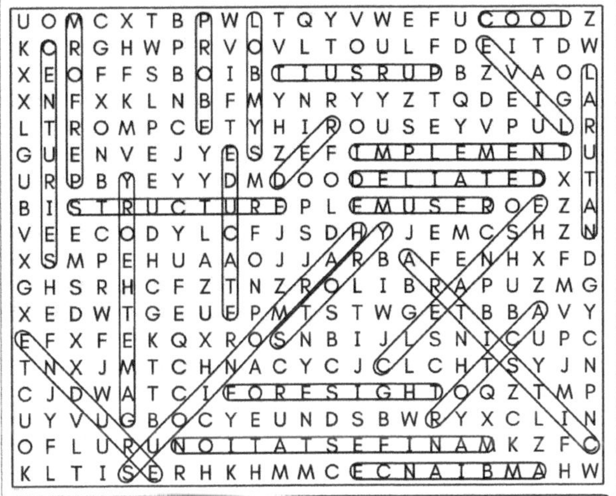

| | | |
|---|---|---|
| LIVE | AMBIANCE | MANIFESTATION |
| ENDURE | FORESIGHT | SYMBOL |
| PERFORM | ARTISTIC | PURSUIT |
| STRUCTURE | STORY | HARMONIOUS |
| CLEANSE | ACTOR | EDUCATE |
| PROBE | DETAILED | CENTURIES |
| RED | NATURAL | IMPLEMENT |
| GAME-THEORY | RESUME | COOL |

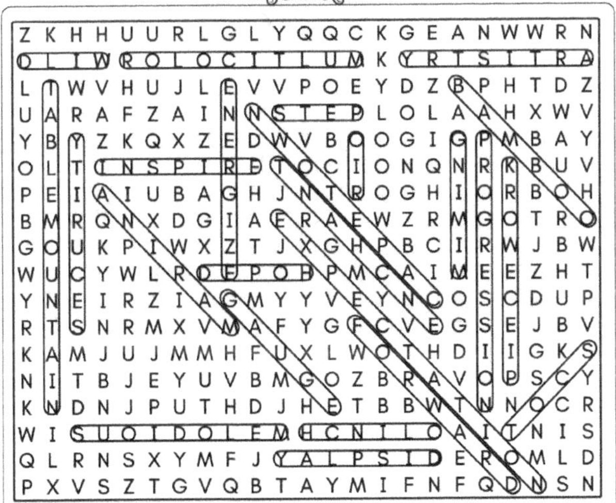

| | | |
|---|---|---|
| SECURITY | BAMBOO | WILD |
| GAUGE | MIMING | RIO |
| DISPLAY | ENCHANT | INSPIRE |
| STEP | EXPECTATION | HOPED |
| MARINA | CAPETOWN | FORWARD |
| ENERGIZE | PIECEWORK | MULTICOLOR |
| SCOT | TABLEMOUNTAIN | CLINCH |
| PROGRESSION | ARTISTRY | MELODIOUS |



| | | |
|---|---|---|
| BEACH | SUGAR | PERSIST |
| ESPRIT | LINE | BEAUTY |
| OUTDOOR | WOOL | STEP |
| IMPROVISE | RETROSPECTIVE | SONGKRAN |
| AMUSE | BAROQUE | CONCLUSION |
| FREESTYLER | VIBRATIONS | CHIANGMAI |
| GRAPE | PURGE | GLADNESS |
| HIGHLIGHT | FROST | WHISTLE |

## Puzzle # 45

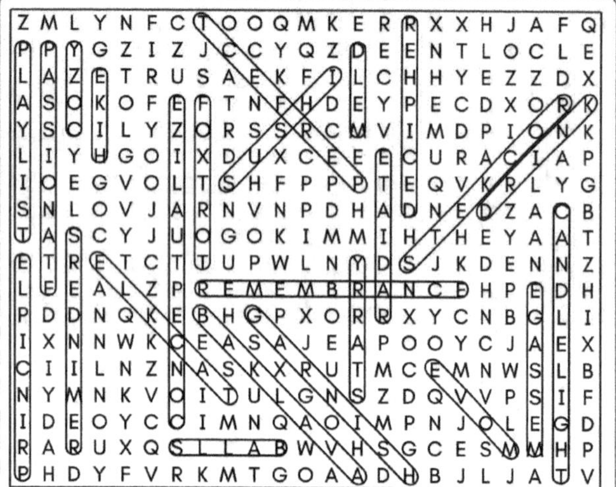

| | | |
|---|---|---|
| SUSHI | COZY | PERFECT |
| PLAYLIST | ROCKETS | CANDLELIGHT |
| DRINK | HIKE | CONCEPTUALIZE |
| REMINDERS | GARNISH | REMEMBRANCE |
| PASSIONATE | TACKLE | MESSAGE |
| FOXTROT | DECIPHER | BALLS |
| BAKLAVA | MOVE | PRINCIPLE |
| STARRY | RADIATE | MELD |

## Puzzle # 46

| | | |
|---|---|---|
| JANUARY | SAMBA | DINE |
| TABLEMOUNTAIN | URGE | ALLOTMENT |
| PERFORMANCES | LAUGH | UNIQUE |
| LISONN | FUNFAIR | SYMBOLISM |
| WASABI | GODS | EXPLORE |
| ENGAGE | TROPHY | DANISH |
| PUB | VATICAN | FILM |
| CONTROL | JOYFUL | CELEBRATIONS |

## Puzzle # 47

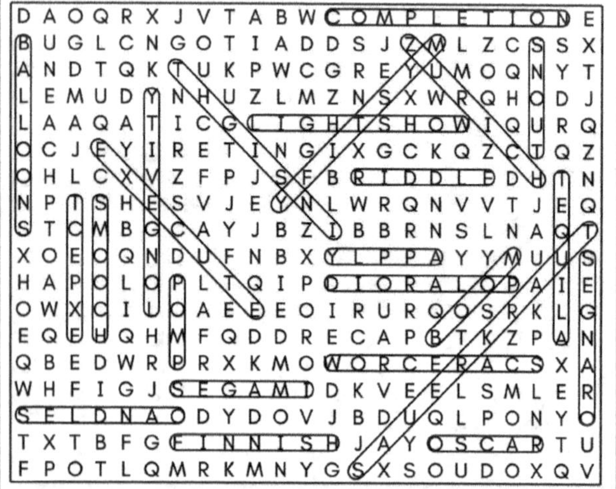

| | | |
|---|---|---|
| LONGEVITY | INSIGHT | EXECUTE |
| RIDDLE | POMP | SAUERKRAUT |
| LIGHTSHOW | IMAGES | EXPECT |
| POLAROID | FINNISH | ZURICH |
| OSCAR | APPLY | BALLOONS |
| MYSTIFY | ORANGES | SCARECROW |
| TEQUILA | COMPLETION | BOOM |
| SMOOCH | CANDLES | SNOUT |

## Puzzle # 48

| | | |
|---|---|---|
| SUMMER | ROMAN | COMMITMENT |
| EXHILARATING | BULLET | QUEEN |
| RESPECT | COLOR | MANTRA |
| FLASH | TEN | FLOUR |
| FOGGY | MARINA | DEDICATION |
| TIE | COLORS | REFLECTS |
| JUMP | WATERFRONT | EXCEL |
| TROPHY | DAZZLING | SPLASH |

## Puzzle # 49

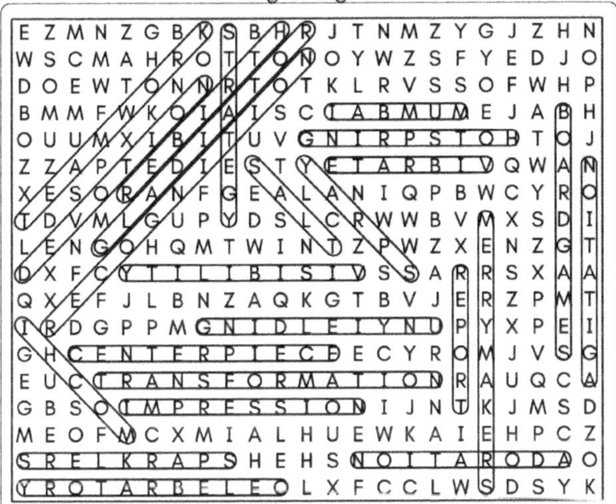

| | | |
|---|---|---|
| SPARKLERS | MUMBAI | REPORT |
| AGITATION | RECOGNITION | MERRYMAKERS |
| MOCHI | TRANSFORMATION | UNYIELDING |
| VISIBILITY | ADORATION | CENTERPIECE |
| GLADIATOR | REBIRTH | BOARDGAMES |
| IMPRESSION | DEVOTION | SALT |
| HOTSPRING | STRATEGY | TEAMWORK |
| VIBRATE | CELEBRATORY | SPRAY |

## Puzzle # 50

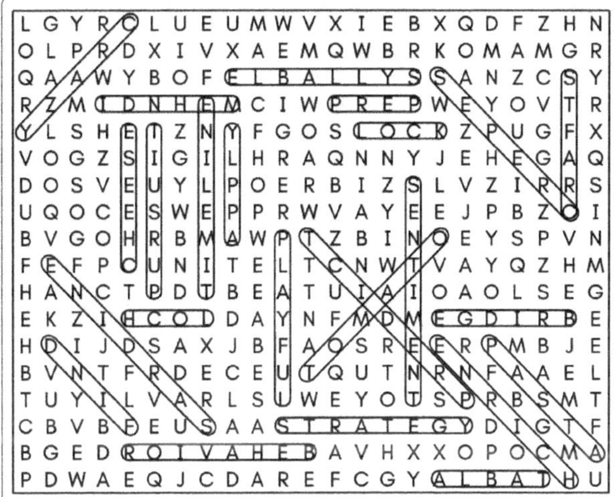

| | | |
|---|---|---|
| CHEESE | PASTA | SARDINE |
| STRATEGY | ENRICH | LOCK |
| CREPES | TOMATO | TABLA |
| TIMELINE | PLAYFUL | SYLLABLE |
| BRIDGE | LOCH | PURSUIT |
| BEHAVIOR | FIND | SENTIMENT |
| MEHNDI | CRAFTS | APPLY |
| CRAZY | PREDICT | PREP |

## Puzzle # 51

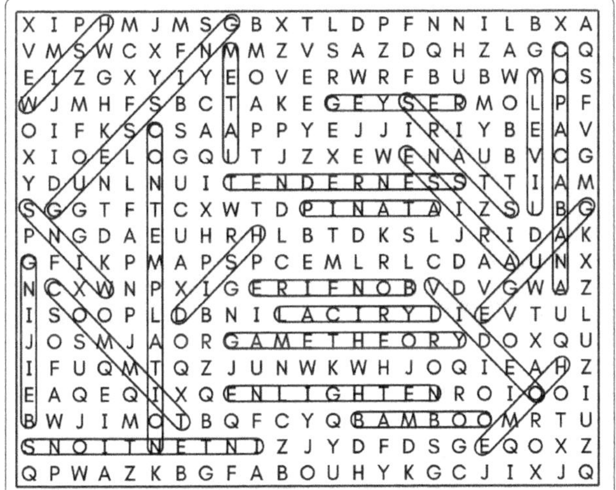

| | | |
|---|---|---|
| VIDEO | COPACABANA | GEYSER |
| GAUGE | PINATA | TENDERNESS |
| STARS | LIVELY | INTENTIONS |
| WINS | GAME-THEORY | BEIJING |
| WISH | BONFIRE | ENLIGHTEN |
| ARISE | LYRICAL | METAL |
| HOME | BAMBOO | COMMIT |
| GUESSING | CONTEMPLATION | DISH |

## Puzzle # 52

| | | |
|---|---|---|
| REVELRY | FLOAT | COAST |
| PICTURE | RECALL | AFFINITIES |
| COBBLESTONE | CAFE | MAGICAL |
| SEATING | IMPRESSION | NOSTALGIC |
| BARBECUE | DAWN | BRAAI |
| TANGO | BREAKTHROUGH | ESTONIA |
| COSTUME | DUMPLING | REWARD |
| TIE | POEM | CELEBRATIONS |

## Puzzle # 53

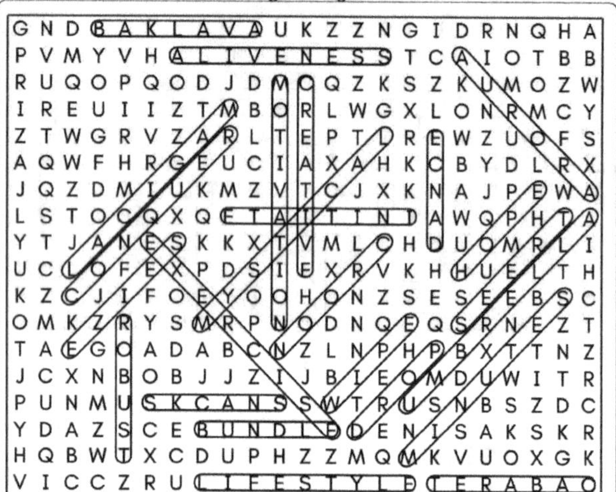

| | | |
|---|---|---|
| DANCE | UMBRELLA | MAGICAL |
| SEIZE | EXERCISE | ALIVENESS |
| SNACKS | BAKLAVA | MYSTICAL |
| LIFESTYLE | CROON | TREES |
| CABARET | AURORA | MOTIVATION |
| CONQUER | HOPE | DROP |
| BUNDLE | CREATIVE | INITIATE |
| ROBUST | MINUTES | WIPE |

## Puzzle # 54

| | | |
|---|---|---|
| FAMILY | DEFINE | TASKS |
| CONSIDER | VOCAL | CELEBRATORY |
| ISLES | VISUALIZE | SUCCEED |
| BALLOONS | RESONANCE | POURING |
| PORCELAIN | REALIGN | CHEERFUL |
| GUESS | LOCK | PREPARE |
| BRAAI | PAUSE | MARKS |
| DETAIL | VIBRATE | NETHERLANDS |

## Puzzle # 55

| | | |
|---|---|---|
| KOALA | WHISKY | SYSTEM |
| RIDDLES | SIGNS | ELATION |
| PARLIAMENT | VIKING | COLLABORATE |
| POP | DESIGN | BUDDHISM |
| JEWEL | CLASSICAL | REPORT |
| SNARE | ARTISTRY | ORANGES |
| ARTICHOKE | AMBITION | MAINTENANCE |
| FORESIGHT | GRID | EXPRESSIONS |

## Puzzle # 56

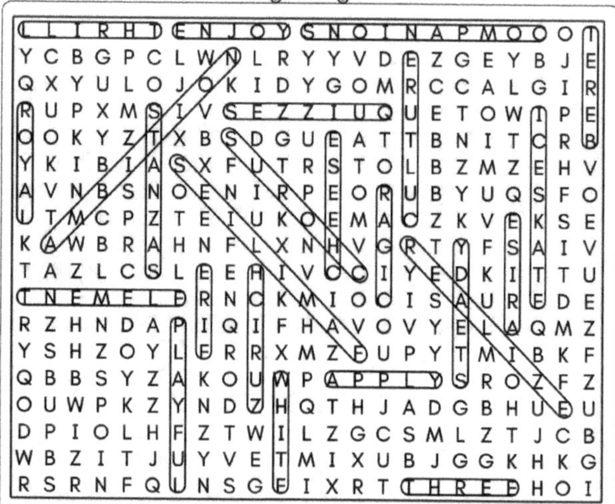

| | | |
|---|---|---|
| THRILL | ROYAL | ICESKATE |
| ELEMENT | PLAYFUL | FAMILIES |
| CHEESE | ENJOY | AMBITION |
| STEADY | CHORUS | COMPANIONS |
| BERET | FIRE | REALIZE |
| ARISE | STANZAS | WHITE |
| CULTURE | CIGAR | APPLY |
| QUIZZES | THREE | ZURICH |

## Puzzle # 57

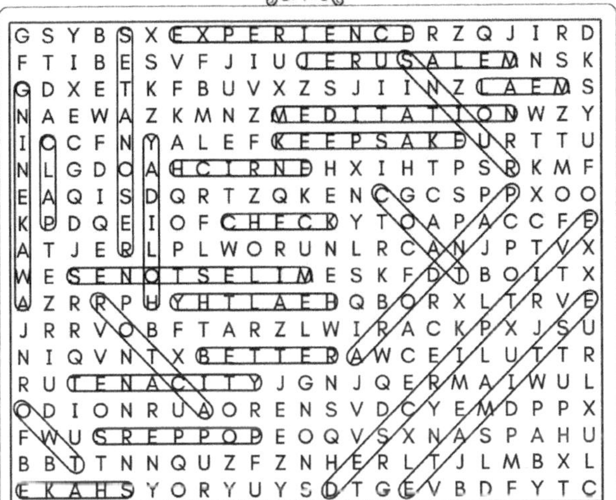

| | | |
|---|---|---|
| EXPERIENCE | RUINS | AWAKENING |
| BETTER | ESTIMATE | RESONATES |
| COAT | ACTOR | TENACITY |
| ENRICH | KEEPSAKE | TWO |
| SHAKE | JERUSALEM | CHECK |
| POPPERS | DESCRIPTIVE | MEDITATION |
| CLAP | MILESTONES | HEALTHY |
| PANDORA | HOLIDAY | MEAL |

## Puzzle # 58

| | | |
|---|---|---|
| ENTERTAIN | OSCAR | SCOPE |
| RINGING | ESTIMATE | COMMUNITY |
| EXUBERANT | AFFIRM | TIMETABLE |
| CONFIDENT | INFLATE | THUNDER |
| SPANISH | IDEAS | CHEERFUL |
| CATALYST | FILTER | IMMENSE |
| ART | INSPIRATION | FOUNDATION |
| JUBILANT | ROUNDUP | SLIDE |

## Puzzle # 59

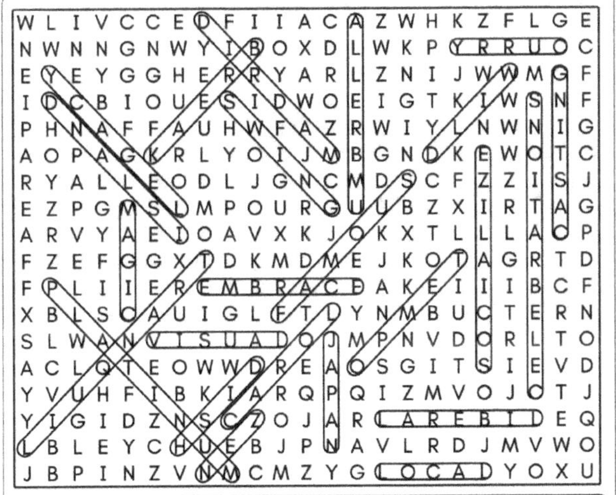

| | | |
|---|---|---|
| FAMOUS | CURRY | LIBERAL |
| VISUAL | SOCIALIZE | MADRID |
| LOCAL | LEGACY | CAROL |
| EMBRACE | PLATINUM | CASTING |
| ZEN | ISLAND | TRANQUIL |
| SWING | JAPAN | DISH |
| UMBRELLA | MAGIC | WILD |
| TEMPO | BREAK | CELEBRATIONS |

## Puzzle # 60

| | | |
|---|---|---|
| APPETIZERS | POLITE | SITAR |
| GROUND | GLADNESS | LASER |
| GROUP | WORSHIP | RENEWAL |
| DEVELOP | PLAYLIST | RADIATE |
| CAFÉ | SANGRIA | SET |
| DEDUCE | LOGISTICS | HEARTFELT |
| STOUT | DATE | FUTURE |
| CONSIDER | GENERATIONAL | NETHERLANDS |

## Puzzle # 61

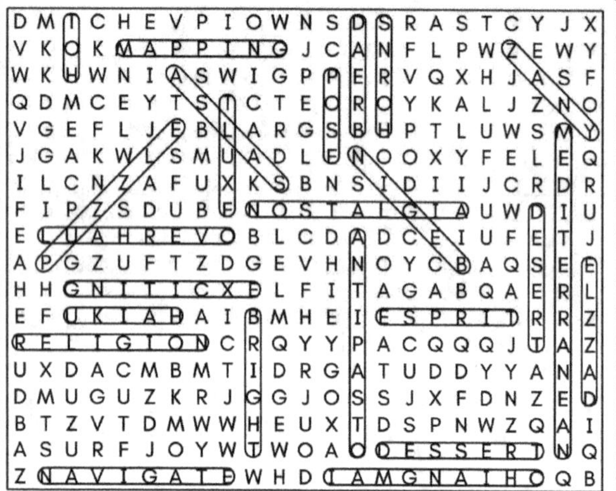

| HOT | BREAD | DESERT |
|-----|-------|--------|
| NAVIGATE | DAZZLE | EXULT |
| EXCITING | ANTIPASTO | SALSA |
| ZANY | HORNS | POSE |
| BRIGHT | RELIGION | BEGIN |
| PUZZLE | OVERHAUL | NOSTALGIA |
| DESSERT | MEDITERRANEAN | MAPPING |
| ESPRIT | HAIKU | CHIANGMAI |

## Puzzle # 62

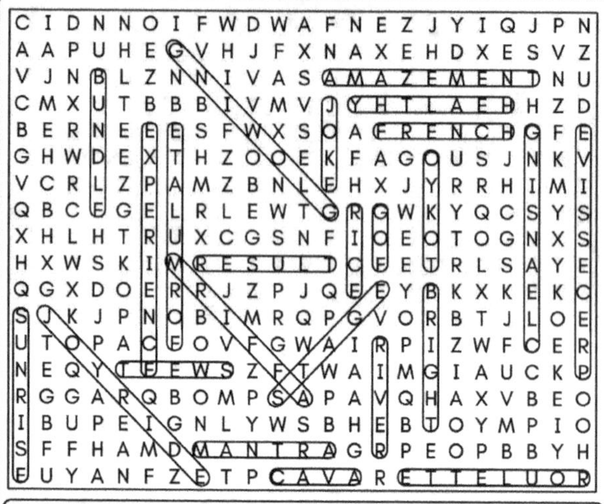

| EXPERIENCE | RICE | SWEET |
|------------|------|-------|
| MANTRA | JOKE | FORMULATE |
| FRENCH | BUNDLE | CAVA |
| HEALTHY | AMAZEMENT | SUNRISE |
| GLOWING | FOG | RIVER |
| JOYRIDE | RESULT | TOKYO |
| STAGE | BRIGHT | AFFIRM |
| ROULETTE | PRECESSIVE | CLEANSING |

## Puzzle # 63

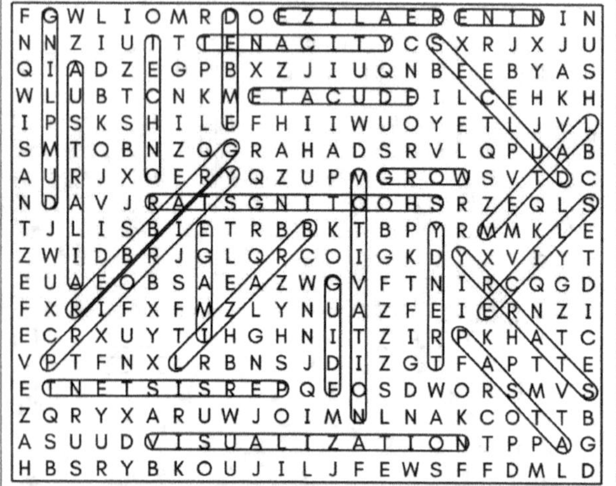

| PASTA | MOTIVATION | PRIORITY |
|-------|------------|----------|
| EMBED | GRABBER | AUSTRALIA |
| DUMPLING | VISUALIZATION | TENACITY |
| GUIDE | IMAGE | SLICE |
| TECHNO | EDUCATE | PERSISTENT |
| STARRY | NINE | METAL |
| TRENDY | REALIZE | GROW |
| SHOOTING-STAR | BRAZIL | DULCES |

## Puzzle # 64

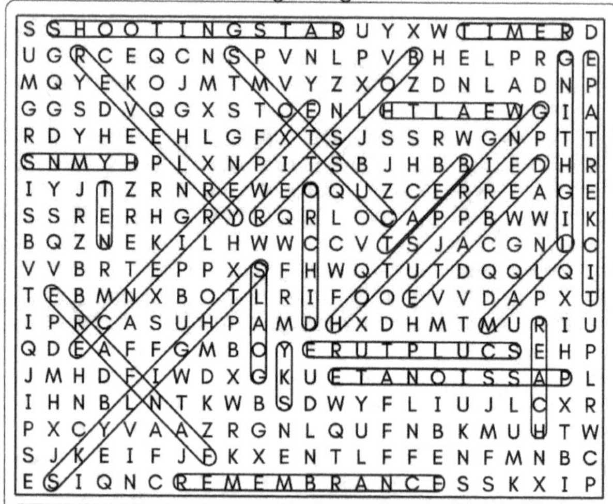

| REVELRY | SCULPTURE | WEALTH |
|---------|-----------|--------|
| BOLSTER | CUSTOMS | FANFARE |
| EXPERIENCE | PASSIONATE | HOTSPRING |
| LIGHTING | TIMER | SKYLIGHTS |
| SKY | MALL | GOALS |
| SHOOTING-STAR | TEN | HYMNS |
| BEAT | ORCHID | REACH |
| DEBATE | TICKERTAPE | REMEMBRANCE |

## Puzzle # 65

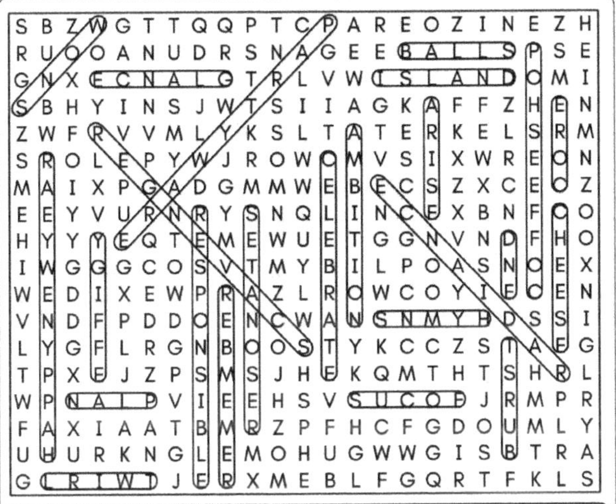

| CHEESE | SNOW | PLAN |
| --- | --- | --- |
| CORE | RADIANCE | END |
| CELEBRATE | ISLAND | FOCUS |
| PARTYWARE | GLANCE | HYMNS |
| HAPPYNEWYEAR | COFFEESHOP | ARISE |
| SCAVENGER | REMEMBER | EFFIGY |
| BURST | AMBITION | RESPONSIBLE |
| TWIRL | RESONATES | BALLS |

## Puzzle # 66

| MEMORIES | PASSIONATE | PERSISTENCE |
| --- | --- | --- |
| BULBS | TENDERNESS | INVITE |
| EXOTIC | MIDNIGHTKISS | ESSENTIALS |
| FILTER | NURTURE | ACTS |
| FLAMENCO | K-POP | ORIENT |
| CONFUSION | JUMPING | CHILL |
| SEAFOOD | REPORT | CELEBRANT |
| HOPE | PORK | BALLS |

## Puzzle # 67

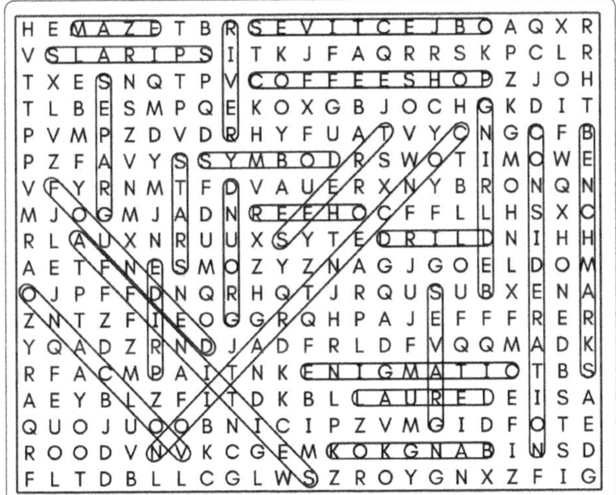

| BELLRING | LAUREL | FOUNDED |
| --- | --- | --- |
| CONCENTRATION | PRIDE | TREES |
| GRAPES | RIVER | OBJECTIVES |
| DRILL | MAZE | SPIRALS |
| CHEER | VOLCANO | GROUND |
| ENIGMATIC | SYMBOL | GRAVES |
| STARS | COFFEESHOP | BENCHMARKS |
| CONSIDERATION | AFFINITIES | BANGKOK |

## Puzzle # 68

| FAMOUS | TURBAN | OUTLINE |
| --- | --- | --- |
| BUBBLE | DEVOTION | DROP |
| NIGHT | SCULPTURE | WHY |
| FORESHADOW | CAMERAS | WIPE |
| SAND | WARMTH | SWAY |
| ENHANCED | COLORS | PAPUA |
| ENTERTAIN | ROLLERBLADE | RADIANCE |
| EXCHANGE | BAKING | MEXICO |

## Puzzle # 69

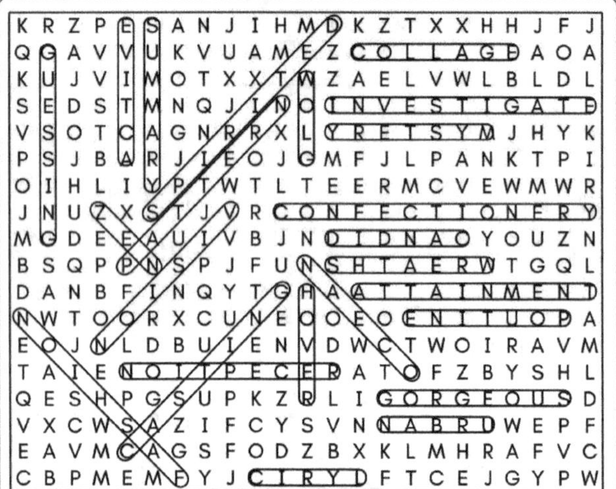

| | | |
|---|---|---|
| FASHION | MYSTERY | VISION |
| SUMMARY | INVESTIGATE | CONFECTIONERY |
| OCEAN | URBAN | COLLAGE |
| SPIRITED | LYRIC | CASTING |
| ZEN | GORGEOUS | ATTAINMENT |
| ACTIVE | HOVER | RECEPTION |
| GLOW | POUTINE | PATTERN |
| GUESSING | CANDID | WREATHS |

## Puzzle # 70

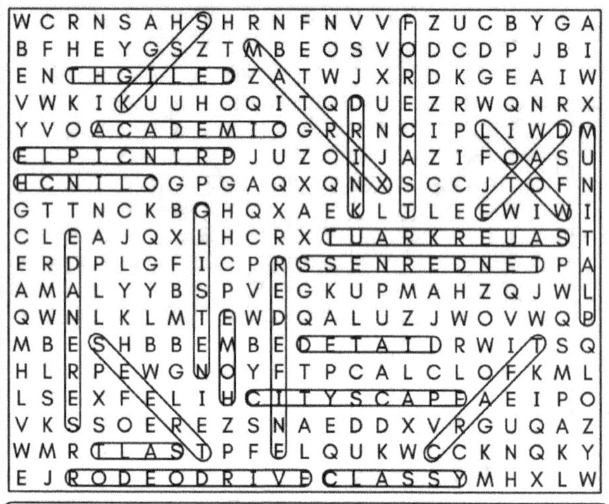

| | | |
|---|---|---|
| KISS | DRINK | RODEODRIVE |
| DETAIL | GLISTEN | PLATINUM |
| DELIGHT | CRAFT | CLINCH |
| ACADEMIC | MATRIX | TREES |
| HOME | DATE | PRINCIPLE |
| SERENADE | TENDERNESS | SALT |
| CITYSCAPE | WOOL | REDEFINE |
| FORECAST | CLASSY | SAUERKRAUT |

## Puzzle # 71

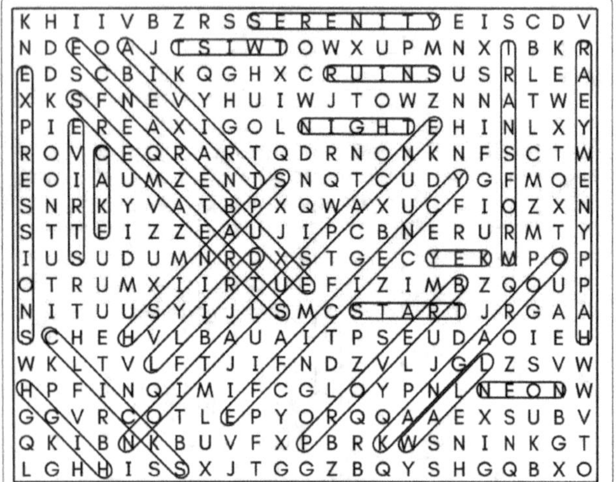

| | | |
|---|---|---|
| STREAMERS | HAPPYNEWYEAR | CAKE |
| PROVERB | HIGH | TWIST |
| EXUBERANCE | SPANISH | SERENITY |
| KEY | TRIVIA | ENCAPSULATION |
| NIGHT | RUINS | STRIVE |
| TRANSFORM | DRILL | NEON |
| KANGAROO | WALL | EFFICIENCY |
| START | CLICKS | EXPRESSIONS |

## Puzzle # 72

| | | |
|---|---|---|
| NIGHTLIFE | ADVENTURE | TROUBLESHOOT |
| FREESTYLER | ACKNOWLEDGMENT | GRAND |
| TRADITION | DIRECTION | CRAZY |
| CRESCENDO | SMILE | INTROSPECTIVE |
| CRAFT | ENGAGED | ORIENT |
| CRACK | COSTUMES | NEIGHBORS |
| HEALTH | FOCAL | COMPETITION |
| SIGNS | COUPLE | TIMING |

# Puzzle # 73

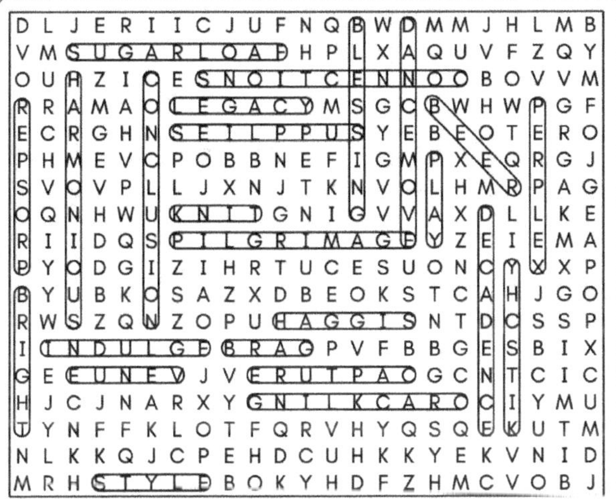

| | | |
|---|---|---|
| DECADENCE | BRIGHT | HAGGIS |
| CONCLUSION | PLAY | PERPLEX |
| DANCEMOVE | BLESSING | KNIT |
| VENUE | INDULGE | CONNECTIONS |
| BEER | LEGACY | PILGRIMAGE |
| SUPPLIES | CAPTURE | HARMONIOUS |
| SUGARLOAF | STYLE | PROSPER |
| KITSCHY | BRAG | CRACKLING |

# Puzzle # 74

| | | |
|---|---|---|
| BALLDROP | YOUTH | ANALYZE |
| RADIANCE | WORLDWIDE | BASE |
| RHYTHM | SAGRADAFAMILIA | ADAPT |
| PANDORA | DEVOTION | LIQUID |
| RESPECT | GOALS | ARRANGEMENT |
| FLOUNCE | REVELERS | SLIDE |
| ADVENTURE | CONCENTRATE | YEASTY |
| DETAILED | CLASSY | FOLKLORE |

# Puzzle # 75

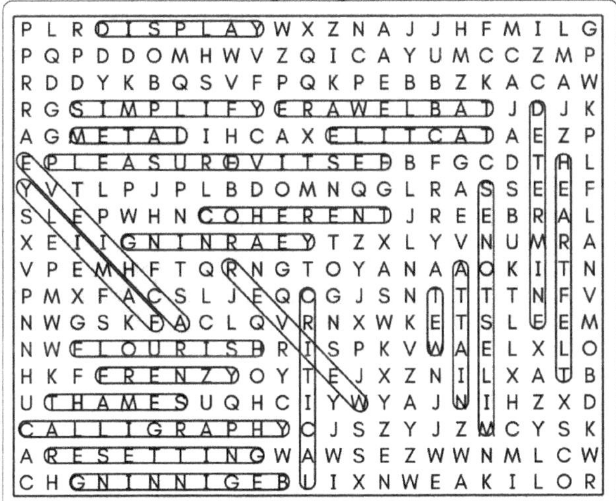

| | | |
|---|---|---|
| FAMILY | THAMES | ATTAIN |
| CRITICAL | RESETTING | YEARNING |
| FESTIVE | PLEASURE | MILESTONES |
| REVIEW | FRENZY | HEARTFELT |
| DISPLAY | BEGINNING | ACHIEVE |
| FLOURISH | TABLEWARE | METAL |
| CALLIGRAPHY | SIMPLIFY | DETERMINE |
| COHERENT | TACTILE | WET |

# Puzzle # 76

| | | |
|---|---|---|
| FASHION | PAELLA | ALLEVIATE |
| WHY | CAMARADERIE | CLASSY |
| DELIGHT | MYTHOLOGY | STRATEGY |
| AMUSING | KARAOKE | NEGATIVITY |
| RENEW | PILSNER | GAUGE |
| HEARTY | TREND | BANGKOK |
| THAMES | TABLEMOUNTAIN | TRIUMPHANT |
| UNDERTAKE | ARCHED | MEXICO |

## Puzzle # 77

| BANDS | JUBILEE | TIMETABLE |
|-------|---------|-----------|
| AMUSING | POSE | MELT |
| FOG | FORTITUDE | INCENTIVE |
| GROOVE | CELL | SIGNIFICANCE |
| SILK | VENTURE | MEDAL |
| FORMAT | INTIMACY | CEMETERIES |
| WALL | INTUITION | ENCOURAGEMENT |
| PHOTO | JAPAN | DULCES |

## Puzzle # 78

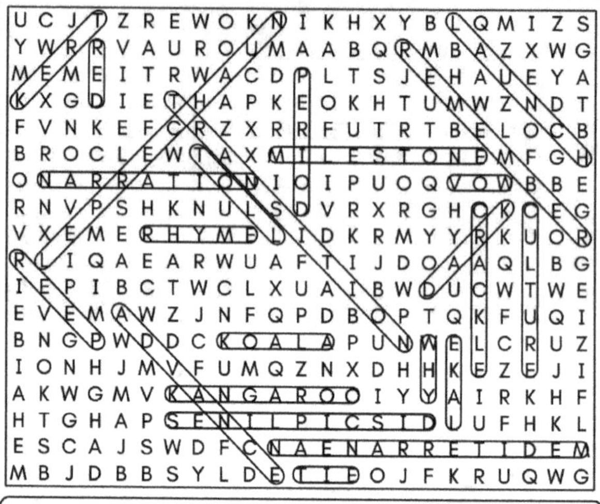

| CULTURE | RED | MILESTONE |
|---------|-----|-----------|
| PEER | CRACKLE | PERIOD |
| KANGAROO | DARK | LAUNCH |
| TREK | TIE | NARRATION |
| KOALA | LEPRECHAUN | DISCIPLINES |
| WHY | REMEMBER | TRANSITION |
| MEDITERRANEAN | LAKE | ADVANCE |
| VOW | RHYME | TOLL |

## Puzzle # 79

| CONFETTI | BEER | VIENNA |
|----------|------|--------|
| EXAMINATION | BRIEF | NURTURE |
| SNACKS | NEWYEAR | IDENTIFY |
| EXPRESSION | SHOUT | SPIRIT |
| CITYLIGHTS | PUERTADELSOL | MAPPING |
| WITTY | CURIOUS | SILVERCOIN |
| JOY | SOUVLAKI | REFINE |
| TWIST | PHOTO | MELD |

## Puzzle # 80

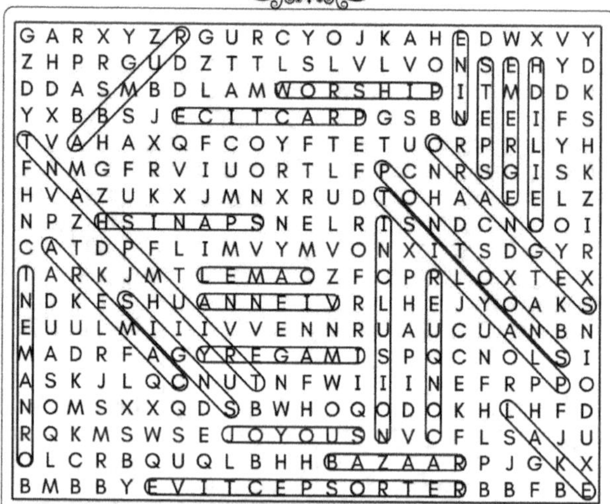

| JOYOUS | WORSHIP | VIENNA |
|--------|---------|--------|
| TRIUMPHANT | SIGNS | INCLUSION |
| CAMERA | SPANISH | LAKE |
| EMERGE | IMAGERY | PONTOONS |
| BAZAAR | CEILIDH | STEPS |
| CONQUER | RETROSPECTIVE | ORNAMENT |
| CAMEL | RUMBA | PRACTICE |
| PLAYLIST | NINE | ORANGES |